© 2021 A.J.B. Minime Jr.
Maison Les Minime's

Illustration et résumé : Cloe Demeter
Réalisation de la couverture : A.J.B. Minime Jr.
Mise en page : A.J.B. Minime Jr.

ISBN : 9782322242115
Dépôt légal : Mai 2021

Édition : BoD – *Books on Demand,*
12/14 rond-point des Champs-Élysées, 75008 Paris
Impression : BoD - Books on Demand,
Norderstedt, Allemagne

Cet ouvrage fait partie de la collection

Azur

Comme une lettre à ton ombre

A.J.B. Minime Jr.

Comme une lettre à ton ombre

Carnets en vers septains, et autres poésies

Maison Les Minime's

Adresse aux Hespérides

AH ! mes chères amies, tendres Hespérides ; comme je vous ai longtemps désirées. Ô, vous ! qui languissez tant aux confins du monde, en votre somptueux jardin fleuri de pommes dorées, sur les rives de l'ancienne Lixus, enlaçant la *mar* au cœur de toutes terres. Oui… intrépide, je m'étais cent fois figuré combattre le féroce dragon qui vous tenait en lisière de son collet d'opale pour, au sacrifice de toute flamme chevaleresque — celle d'une chambrée d'Hercule et de Roland, au moins —, venir, auréolé de la gloire de l'éphèbe galant et triomphant, m'abreuver à votre sein et épandre ma frétillante innocence à votre galbe, telle l'ombrelle silhouette d'une nuée d'oiseaux chanteurs sur leur contrée natale.

Songer de vous, reines des nymphes, fut l'oasis de mes nadirs, la promesse d'escapade parmi les nuits d'hiver lasses d'espoirs inassouvis.

La seule idole de vos hanches et de vos alcôves bées, à mon soupirail souvenue par quelque arcadienne ou bohème qui passait là, fugace — cependant que je larmoyais sur un versant du mont Parnasse d'avoir perdu les faveurs des trois muses, Érato, Calliope et Melpomène —, cette sublime image incarnait pour ma lyre le nectar des dieux. Parfois, j'entendais l'éclat cristallin de vos voix, ô sœurs sibyllines, faire bioluminescence, comme d'étoile filante, en toile de ma triste moire. Alors, je traversais l'eau des spectres, harcelé par sirènes, terribles chimères, harpies ou érinyes, trébuchais sous les flèches d'Hildr, l'esprit aveuglé des danses de Lilith, aussi que des puissants et adroits charmes des bacchantes. Mais enfin ! harassé, les mains aussi calleuses et rocheuses qu'Atlas, oui, à l'instar d'Ulysse et d'Orphée avant moi, j'arrivais sur ma belle isle y recueillir vos grâces et vos amours.

La forteresse du serpent à deux-cents yeux franchie, vous me livriez ce calice et ce suprême heur : le *Verbe*.

VA, aviez-vous dit, va essaimer les printemps des hespérides d'Ouest en Orient, afin que tous sachent, que tous les princes et les *poëtes* sachent, que sous un vent nouveau, désormais, volent les aigles et les albatros. Sois le cygne et le dauphin des destins ; livre cette lettre à chaque ombre, au creux de chaque cœur ; et dis-leur que chacune et chacun a le pouvoir de refaçonner les temps, de l'écho de son verbe, métaphore du ciel et de la terre, des feux et des glaces, du dernier râle de la gazelle au soupir du couple qui s'ébat… Pour donner vie, comme du miaulement du chat vers chuchotement merveilleux des ruisseaux. Que le verbe est le plus grand des navires, qu'il transporte tout. »

Ainsi, ami, liseur, dois-je te confesser que tu as également le sens des choses, aussi que tous les reflets de l'univers en toi. Respire, parle, vibre ; aime et habite. Fais donc, et la beauté jaillira de ton écrin d'humanité, afin de voyager dans l'éternité.

AH ! Hespérides ! Je vous adore et vous implore, divine triade qui, de sa colline suspendue, souffle les chants du soleil sur mon âme, là, qui s'oublie, assise face à l'océan de l'Histoire. Que reste-t-il de mes périls en périples vers votre beau giron ? Rien, si ce n'est tant et plus à la fois : la mémoire ; l'insondable infinité de toutes les voix, ces lettres d'ombre dans la lumière inconnue que, mortel parmi cette pléiade d'émetteurs immortels, toujours, j'acheminerai aux portes de qui le veut sur les sentiers de ma vie. Car, chères ! Ce que je désirais de vous, *in fine*, c'était me connaître, dans la connaissance de la prose du monde, de celui qui me ressemble tant comme me diffère.

C'est de cette même *sophia* dont, je l'espère, s'animeront ces quelques carnets lancés à l'horizon en manière d'égéries, dans le fol'souhait de réconcilier les hommes. À toute fin, du moins les invité-je à mes côtés à bord du verbe, en destination de vos fameuses Hespérides…

Le Poète est semblable au prince des nuées

Qui hante la tempête et se rit de l'archer ;

Exilé sur le sol au milieu des huées,

Ses ailes de géant l'empêchent de marcher.

CHARLES BAUDELAIRE

L'ALBATROS

Si je pouvais atteindre le rivage semé de pommiers où chantent les Hespérides !

Là le souverain des mers aux marins n'accorde plus de route sur les hautfonds empourprés, touchant au bord auguste du ciel que tient Atlas ;

et coulent des fontaines d'immortalité, près

du château où Zeus a sa couche.

Là, offrant la vie, la Terre toute divine fait pour les dieux croitre la félicité.

LE CHŒUR DE FEMMES DE TRÉZÈNE, EURIPIDE

L'HIPPOLYTE

Au Rêveur
à l'Amoureux
à l'Artiste
à toi, Cher liseur…

Livret prologue
À vos amours

À l'Orée, Les Légions fééeriques
À Thierry Alain Brice Sokpawo
mon grand-oncle parmi les étoiles

« Prends bien garde, liseur !
Car aux abords de ces livrets…
Siègent mille songes, en la mièvre rouvraie
Aux pourtours d'heurs

Prends soin d'apprêter
Ton âme, à l'ombre de féérie
Cette gironde frairie
À quelle seule elle va se prêter

Pléiade d'aventures
Infinies. Mais, garde à l'esprit
La secrète bandure
Qui fera sa sainte draperie
Par-delà les monts
De ce monde niche, cachée, la clef
De ta moire dorée
Poète, tu renaîtras... Çamon ! »

Demandez au vent, à la vague, à l'étoile, à l'oiseau, à l'horloge, à tout ce qui fuit, à tout ce qui gémit, à tout ce qui roule, à tout ce qui chante, à tout ce qui parle, demandez quelle heure il est ; et le vent, la vague, l'étoile, l'oiseau, l'horloge, vous répondront : « Il est l'heure de s'enivrer ! Pour n'être pas les esclaves martyrisés du Temps, enivrez-vous ; enivrez-vous sans cesse ! De vin, de poésie ou de vertu, à votre guise[1]

---

1   Épigraphe, Charles Baudelaire.

Récital d'une fleur
À Chloé Diche, la fleur de ma vie

— *Prélude :*
« *Sous le dôme épais où le blanc jasmin À la rose s'assemble, Sur la rive en fleurs, riant au matin, Viens, descendons ensemble. Doucement glissons ; De son flot charmant Suivons le courant fuyant ; Dans l'onde frémissante, D'une main nonchalante, Viens, gagnons le bord Où la source dort* »[2]

*

— *Cœur :*
Liège paysanne au rire Claire
Miel à l'eau qui affleure

Piano et de lilas fleure
Parterres afin les mûrir
Tu danses, m'ondoies fignoleur
Vers le giron où terrir

Jamais alors, n'ai-je vécu comme je cueille ta fleur bée hui

*

---
2   Prélude extrait de l'air du Duo des Fleurs, *Lakmé*, opéra de Léo Delibes.

— Fugue :
Viens, ma mie : gagnons ce bord nôtre ensemble. Tu es sublime ! dans cet habit vermillon qui, en une manière de ballet, irise le turquoise de ton regard, la boucle d'or de ta soyeuse chevelure, et l'opale de ton grain de peau

Le Caprice
À Léna Percher, à la grâce d'or

Âme, madame
Sésame, tendre amante
Suave... ô menthe !

Œuvre
D'Art, savheur[3]
Liqueur noire
Miroir-couleuvre

Il s'en est fallu un temps
Que revoilà le printemps
Qui embaume les pétales
Mélasses, belles endormies
Brunies au mièvre vin de palme
Chevelure de fleur praline
Où languit l'anatomie

Ta grâce, rosace étalée
Au couchant
Enivre vallées, tel l'encens
Livre des eaux cannelle

---

3   Néologisme à base des mots *saveur* et *heur*. Ces jeux de langue, sur l'étymologie et l'onomastique, notamment, se retrouveront dans presque toute l'œuvre.

Et vers cette éphémère chair
En ce sein
Est allée mon avarice…
D'un caprice niché dans ton galbe

Un Aria
À Fanny L. Minime
l'origine de mes mondes

Ève... dans les profondeurs, plonge
Au creux de sa flore marine

Danse en nage ; toute blanche élonge
Algues, songes, et Vanes opalines

Embrasse l'entière féerie…
Elle est bioluminescence

Toile chaude-nue, sous son cafetan ondoyant
naît le monde

Roma Mia !
À Gwenn Penverne
la patineuse envolée

Chère Roma
Belle ma donna
Éternelle città

Sixtine
Colisée, Trévi
Brise d'été
Cerise et myrte

Dans les travées d'Ilia
Via Condotti, quartiere
Monti e ristorante
La reine Gwenita cavale
Éprise de mille et une vies
Satinée par le soleil
Sa robe frémit au vent d'Aise…

Souvenir, souvenirs ! dell'opera !
Divenire l'art
Toccata : voilà ! soupir nuit
Musique divine, elle enluminera

Je
T'embrasse, t'enlace… toi qui
Murmure sous le ciel azur
Demoiselle italienne, Roma mia !

Glamour ! amora ! (Ode à Paris)
À Marie Diche, brillante metteure en scène
femme de lettres et de soleils

Glamour ! amora !
Glace-à-moudre la lua nova, rémora !
Amoramona, amour-anoure…

Art
Gracile encart
Incartade, aura festive
Sourire…

Il est tombé comme un couple
De foudres sur le vieux Montmartre
Pluie les gens chantaient, dansaient !
Le long du bateau-lavoir
Puis lovaient au Moulin-Rouge
Ah… Paris ! city of love
« Fluctuat nec mergitur »
Belles collines de la Ville-Lumière :
Comme une caresse sur la Seine
Sur le Sacré-Cœur ouvert d'Amélie Poulain
Sur la lyre romantique de Sacha Guitry

Au théâtre, au cabaret
L'on s'enlace le soir, amants

« Car demain nous appartient »
L'on y joue du jazz, du Piaf
L'on y admire vie, Dali !
Tombent chapeaux et brassières
Et les miels coulent sur la peau

S'éveiller de vin ivre, là
En draperies d'une péniche
Lire un peu Baudelaire, em-
brasser du regard l'esca-
pade des oiseaux par-delà
Les ponts, vers la tour Eiffel
Alors on pionce — rêve —, on fume

Le temps d'une promenade
Bas dessus, bras dessous, sur
Le parterre dallé des Champs-
Élysées. Y dérouler
Pieds jusqu'à l'estaminet
Entre deux cafés, l'on s'aime
Nous sommes une ode à Paris[4]

- 4   *Amour-anoure* : amour sans queue, sans fin.
- *Amora* : des Latin et Portugais : mure. Mythe hellénistique de Pyrame et Thisbé (*Les Métamorphoses*, d'Ovide).
- Rémora : ce qui arrête. L'on s'arrête au-devant de ses amours.
- *La lua nova,* du Portugais : la nouvelle lune.
- *Amoramona* : Amor (a) Mona (prénom ; du Grec *monos* : seul : amour unique. Autre interprétation possible ; *Ramona*, des Roumain et germanique : *ragin*, protecteur, bienveillant.

Fuga con Alice
À Annemarie Guilleux-Kesselaar
la douce cigogne

Il est une lune noire
Qui brille en mon cœur
Entre les sentes bleues
De ma douleur
Et jusque dans l'écarlate
Criant ses soirs
L'air souffle, file et tu vis
Respires et luis à rebours
De tout, de toi au monde
De moi et de nous, surtout
Aussi
À l'orée des hurlevents
Hurlement du vent
Qui bruisse sur le nadir
Des temps pluie orageuse de l'âme
Lame et bruine en toi
En tout j'ai longtemps
Voilà-voyagé
Vogué, valsé
Vallée divaguée
Sur les rivières de soie
Dormantes depuis hier

Soir, et encore aujourd'hui
Cela va de soi
Vers demain sûrement
Peut-être
Doucement
Toi tu ris en courant
Avec mon sang
Parmi les perles
Éphémérides de ton
Destin lié au mien
Au sien
Mon eau de vie
Cet élixir d'envie
Qui jamais plus n'agonise
Grâce aux alises alizés
De ton rire
Oui, ouïr
Sa fine pluie
Et son baiser immortel
Sans-pis terre-en-elle
Gravé désormais à l'encre
À l'ancre moire
Lune noire
De mon cœur
Entre les sentes bleues
De notre bonheur
Arc-en-ciel
L'une qui cille sans ailes

Fugue, flûte
Flume plume
Fluette hirondelle
À fin
Je m'aime, Alice
Enfin
— Toi aussi. C'est moi
Mon con, mon ami
Merci
De tes mains
Laissées là
Parmi les violettes
Dans l'écarlate criant ses soirs
Calices

Alice

Parlez-moi d'amour

À Axel Himily-Bellion
Ah… ce cher Jean, l'Académicien

Parlez-moi d'amour, parlez-
Moi de vies et vibrations

De gentes pucelles avinées
Rires du vent sur carillons

De câlinades chaudes ailées
Rue Saint-Laud ; rêver, flâner

Ci-joie en mon Arcadie, perlée de nymphes
dans l'Éon

Le Madrigal
À Romain Bertho
un homme en or

Le voilà qui court le long
Des ruelles de votr'toilette
Feu-follet, frileuse, fluette...
De sa toison d'Apollon
A fresco câline l'aiglon
À la langueur des violettes
Pareil, son souffle se mêle à vos lèvres joliettes
elles frissonnent

L'Hermine
À Alison Pertué
la galante angevine, une femme élevée

*Sa vue sur la Place Sainte-Croix
Furetant de la Maurice*

*Naples nitescence sur alysses
Aux tablées de Ligérois*

*Riant aux anges Layon boire
En contrebas, sous le soir…*

Gigue ! sa pelisse d'hermine lui glissa de peau, à la brise

Louison, son baiser fugace
À Marc Diche, le comédien-français
mon petit père
et à Clarisse B. A., sa mirifique fiancée

Louison séjournait maison
Voisine, près le cœur del mar

Elle avait les yeux grand-verts
Chaleur, roux, tâches de son

Cigales, baignades et amarres...
On riait sable, grillades, vers

L'amour à l'ombre buissons ! sexes azimuts, eaux-re-
voir(s)

Sibyllines
À Paul Devos, le Don

À l'ombre du boudoir au feu
En danse, pareilles à des langues-

De-femmes, des thyades de calangue
Sourdaient, cambrées sur caïeux

Corneilles, nos œillades mariaient
Ce millésime d'ambroisie

Ces sybille-amandines, lorettes et rais d'épiphanie

La Robe de Demoiselle Rouge
À Anne Prouteau, l'élégance vêtue de rouge

Un soir, dans le vieux Paris
alors que la nuit voguait
pleine l'air de vinerie
Je vous aperçus, mie pourpre
Oui, vous, qui fuguiez et exhaliez
l'estaminet des effluves suaves et boisés du tanin
Tout homme en son chemin s'arrêtait pour vous
Chacun désirait sentir
enlacer, saisir ; goûter enfin votre robe vert olivâtre
la Rouge
Je me souviens vous avoir
invitée à danser un couplet de jazz
L'ombre de vos pas d'argile
vacillait avec la lueur des chandelles
Et il n'y avait pas, en cet instant, d'être plus chanceux
au monde
Nous nous embrassions, et, de notre escapade
vous étiez tombée en pâmoison dans mes bras
Votre taille aux courbes plantureuses
et pourtant si discrètes
tressaillait d'une union de volupté et d'élégance
Ô, amante ! belle muse… que j'aimais vous prendre en
bouche !
Et que, seuls en notre alcôve, votre liqueur gracile s'agrip-

pait à ma langue, amusait mon palais, puis me parcourait
le torse, près du cœur
Puis nous nous appartenions
le temps d'un instant
d'une éternité
peut-être d'un infini dans un entrelacs
et plus rien d'autre n'existait
Vous étiez comme un lit noir-vermeil
sur lequel épancher mes soirs
Vous étiez insaisissable
insoutenable
Vous étiez passion
Chère Melpomène, ma demoiselle Rouge
Le délicat souvenir de votre floraison, à foison
de framboise, me subjugue…
Me conjugue encore

La Danse de l'homme
À Eva Rabillon, la confidente
une allégorie de la douce féminité

La nuit venait de tomber, sur la vieille cabane en bois
Au milieu de la forêt, une mère berçait son enfant
Emmitouflées dans des draperies de soie, les oreilles du
nourrisson frémissaient, alors que de douces paroles
leur étaient chuchotées. De belles comptines
dans la langue ancienne de son pays natal. Ses yeux
d'un marron profond, pétillaient également
La seule vision de sa mère suffisait à resplendir ses sommeils, comme celui dont les premiers signes lui affaissaient
les paupières. Elle était magnifiquement gracieuse
Il ne se remémorait l'ensemble de son visage que de manière élusive, fugace ; pourtant, ses lèvres si fines, le mat
de son grain de peau et l'éclat rayonnant de ses dents
suffisaient à graver en lui un souvenir infini
Telle une empreinte sublimée, les détails sur les bijoux
parés d'ornements ancestraux semblaient tout droit surgir
de ses songes
Embrassés par le flot mélodique de paroles incompréhensibles et cependant belles, seulement belles, ils prenaient vie
en son esprit. Alors, les mots devinrent plus longs et leur
tournure, plus saccadée ; la fin du conte approchait...
Le petit ange avait appris à en déceler l'arrivée, qu'il redoutait tant ; celle qui précédait l'avènement des ténèbres

*le jour des ombres, lorsque ses cils
se rapprochaient, encore et encore, et que la lumière
soudain se dérobait*

Il l'appréhendait, appréciant malgré tout cette manière d'ensorceleuse mystique. Et puis, il désirait surtout continuer d'admirer, ne jamais cesser d'admirer cette peau aux traits si réconfortants

*Le petit ange lutta, voulu attendre le baiser tant convoité celui qui clôturait d'ordinaire chaque soirée…
et s'endormit sur cette dernière pensée*

Sa longue robe blanche et argentée moulant à la perfection ses formes généreuses, Sybille-Anne s'agenouilla près du lit de feu

Elle clairsema les cheveux de son fils, puis ses lèvres se posèrent sur le front lisse et liné. Si attentionnée qu'elle fut, elle ne vit pas les bras musculeux de son mari lui enserrer la taille. Elle sourit, frissonna, tandis qu'une paire de dents entreprenait de lui mordiller le cou avec tendresse

Délicate, elle fit volte-face, et plaça un doigt devant la bouche de son homme

« Qu'est-ce qui te tracasse tant, beau prince, pour que tu ne puisses ainsi refréner tes fantaisies ? »

À la faible lueur qu'offraient les braises crépitantes dans le foyer, la silhouette du prince projeta un fantôme

Il n'avait pas encore défait ses habits, et une goutte de sueur perlait sur son menton

Sybilla posa un regard sur le petit ange. Lentement elle effeuilla sa tunique. La volupté de ses mouvements

accentuée par la pureté des manches en dentelle
Lui observa le spectacle qui s'offrait
en silence
Il y eut un instant de flottement, où l'on n'entendit que le murmure suave et rouge des flammes. Puis, dans un éclat chatoyant, les deux âmes sœurs s'enlacèrent l'une, l'autre Leurs lèvres se cherchèrent avec fougue. Les langues s'entremêlèrent les vêtements glissèrent. Les souffles se firent irréguliers, les timbres rauques ; les membres échaudés se joignirent en écho harmonieuse complétude et
et...
Dans un tumulte qui étourdit la nuit, à l'unisson
le couple plongea dans l'apothéose. Ce fut une danse
Une merveilleuse danse transitoire. Chaotique, saccadée
mais tellement ravissante. Celle de la chair
celle du désir
des sentiments
pourfendant le temps
Union de vie et de mort…
À la naissance d'un baiser, au corps de la vie : au cœur
de l'âme
La fièvre des amants, origine de l'humanité…
Ce soir, ils façonneraient le monde
et il se referait en eux

Les femmes de mes nuits
À Tristan Michel, le frère, l'aficionado

C'est l'histoire d'une jolie jeune femme
Elle était blonde, et d'une élégance sereine
Les yeux bruns, les cheveux au vent
Son battement de hanches, doux et régulier, arrimé à celui
de son cœur
Faisait frémir quiconque d'envie

Elle se tenait donc là, sur un banc
En position assise et légèrement détournée
Son joli visage, sensiblement pensif
Ne cessait pourtant d'attirer vers elle
Une multitude d'oiseaux chanteurs
Ah, Diantre !... Qu'elle était belle
Cette femme

Son haleine, fraîche et mentholée
Se répandait tendrement sur le col de son chemisier
Laissé gentiment entre-ouvert
Et ce léger parfum qui émanait d'elle
Me faisait planer loin
Très loin de toute réalité

Mais ne soyez guère surpris, chers lecteurs
Du fait que je m'apprête à vous confier

Cette femme, hélas, ne m'est jamais vraiment apparue
Apparaît-on seulement vraiment
Un jour
Une nuit
Aux yeux de quelqu'un ?
Pour un tour
Pour toujours ?
Pas plus, disais-je
Que toutes celles que l'on croise après minuit
Au hasard d'un plaisir
Mais pourtant, son empreinte, si douce, si surréelle
Sirène des rêves
Ne cessera de faire jouir le restant de mes nuits
Ah, que diantre !...
Quelle pensée magnifique !
Ne vous est-il pas ?
Fis-je en m'éveillant
Cher lecteur
Au creux de vos paumes

Les regarder s'embrasser
À Émilie Chataux
la romantique au blond délicat

Heureux
Ils sont deux
Ce sont eux
Les regarder s'embrasser
Ils s'enlacent
Se prélassent
Jamais ne se lassent
Les regarder s'embrasser
En cette nuitée d'hiver
Les regarder s'embrasser
Loin du monde
Loin des ondes
Du mensonge
Ils essaiment
Leurs poèmes
Et ils s'aiment

En silence
Les regarder s'embrasser

La Rose des prés
À Maïthé Sadjo Paquita, la rose des prés

Là-bas dans les prés
Se tenait une fée
Prêtresse, majesté
Le regard rivé sur la cime de l'horizon
La main apposant son délicat réconfort sur le mont des idées
Et, nattée, la chevelure-couronne au vent
Tandis que, dans un miroitement, le soleil se coulait sur sa peau couleur caramel, d'où jaillissait çà et là
un mariage d'étincelles et de dorures
Comme si la lumière était née en elle
qui taquine les ombres, sous la bougie endormies
Elle qui, telle une oasis, fut l'aimée et la niche des oiseaux, dont le chant mélodieux toujours
la couvrait de tendresse ainsi que de louanges
Elle, dont les habits épousaient quelques formes magnifiques, ces reliques clamant : « Je suis » !
Et il y avait pourtant chez elle un secret
Ce petit air de quelque chose, de tout mais de rien, de grâce et de délicatesse
Une intime intrigue que la lyre du poète Apollon volontiers érigerait en hymne, en geste
Elle était d'une beauté tantôt luisante tantôt froide
Roide de glace, à mesure que le drame des vies, qui se

recueillaient dans la niche de ses yeux, semblait défiler à
l'infini, implorant la paix du cœur et celle de l'âme
Tragédie !
Sa fabuleuse destinée la vouait-elle à demeurer cygne
parmi les canards, si-reine dans l'abri des lamantins ?
C'est qu'elle avait connu mille aventures… Autant de
joies que de tristesses
qui narraient désormais son histoire
Puisse ! respiraient avec elle les charmes, aussi délices
de la terre entière
Le monde déroberait bien à ces lèvres closes
comme dans un murmure
la douceur salvatrice d'un langoureux baiser
Femme africaine, femme fierté
Mère de l'humanité, mère qui égrène
Ne crains plus, cerise noire
Car tu es le chef-d'œuvre
d'un art immortel
Ô rose… oui
Aphrodite !
À toi, Elle
fée qui se tenait là-bas
dans les prés
Que je m'enivre de ta redoutable beauté
et me noie dans ta grâce infinie

Merci, merci !

À Thierry Jamard, le rossignol de l'Anjou

Allons au bal, au gala
Il y a là tout Saint-Germain

Les messieurs offrant baisemains
À ces dames en fedoras...

Un Bel-Air d'Uria-Monzon
Empreint de carmin smala

Enivre nos jasons aux amours folâtres... Singila !

---

5   *Singila* : du Sängö, merci.
La cantatrice Béatrice Uria-Monzon.

Monts et rivières
À Chloé Dilly
la plus belle femme de Centrafrique

Nous avions rêves de papier
Glacé à l'ombre des boudoirs

Habités de tabac froid :
Aller défaire la crémière

Pour, é-bohèmes, se baigner
En son con, rivière de soie

De longues boucles blondes ondulaient au creux de son val
de poire

VII
Second thème : Libideau
À Clara Fontaine, l'éternelle jouvencelle

Les roses soûlent au feu de nos
Chœurs profanes… jutent telles garces, Frigg

Frivole sève d'elles, mâles irrigue
De fièvre concertino

Gicle hors mamelles de faim rêches
Sézigue
Aux frissons phéromonaux

Est figue aussi qu'eau-Vie

Murmures à Chloé
À Chloé Diche

Premier murmure

J'ai commis des péchés, oui
Je voudrais vous confesser

Que cette hanche nue dressée
Brûlante d'envie, la nuit

M'a le cœur folie enduit
Ô ma chère Belle ! Chloé

J'ai rêvé saturer de poésie votre grâce-île

Second murmure

Vous ai-je déjà dit, Madame,
Combien vous étiez pour moi ?

Comme deux délicats émois
Fleurissent une androgyne âme

Ravissent la ballade des mois
Pour en faire une alcôve chame...

Comme je voudrais vous prendre par la taille pour un biglemoi ?

F. Gabriel, Après un Rêve
Archet à Mlle. Diche

Sous la pluie qui danse, deux
Mie gouttelettes se tenant

Par le chœur rêvent en silence
D'habiller monde camaïeu

Voler moindre insignifiance
Sans cesse s'emboîter heureux

Superchons ! valse sur la nuit des enfants de l'hasardeux

Comme une lettre à ton ombre
À Marlène Sgard et Florian Roche, nos flamants

Je tresse des colliers de sérénades sous l'ombrelle
De ton cœur, à l'encre de mon sang, et les dépose
Au creux de toi sur les contrées nos amours, Rose
Entre ces salières de Vénus, fines baies d'airelle

Qui de nuit soûlent tant mes désirs. Nos saltarelles
Cancans, parades comme flamants en apothéose
Ces soupirs et sourires lorsque, les paupières closes
Cambrée, tu exultes « Oui ! », de ta peau d'aquarelle

Incandescente ; ces mille heures à refaire le monde
Insouciance, à la Belle Époque, foires vagabondes
La sarabande des étoiles — jets de vœux sur l'eau

Du temps où l'on couche, hilares, sur les primevères...
Ceci, comme une lettre à ton ombre, l'air d'un piano
Où que tu sois, muse androgyne : c'était nous, hier

Dîner aux chandelles
Tuppence Floreck, ma miss dandy
mon colibri

Vous posiez, Plaza Athénée
Où rendez-vous était donné
Pour l'hôtellerie, Aviva
Votre canotier frissonnait au
Vent d'automne, fleuré au Cointreau
Sous nadir ciel-de-lit lilas

Sise dès coupé — fresque Boldini
En robe linée d'Iphigénie
Vous étiez coulée grande actrice
Celle des réparties de Rimbaud
Mise au haras, telle Salammbô
Diva aux manières séductrices

« Festina ! feu-follet », héliez-
Vous, à vue du mime Marceau nié
Derrière redingote et monocle
Sous quels traits je venais, cigare
Enfumé, ayant un égard
Au fard de mes teintes andrinoples

Un portier nous guidait
Dis-moi Joséphine grésillait

Sous la marquise pourpre en entrant
Vif à notre table plein patio
Tira chaises dans un carpaccio
Les chandelles riaient, ajourant

Des geais d'ors fusaient d'arbres en lierre
De géranium. Une chapelière
Avait filé les parasols
Drapés d'une suave neige-soie
L'on musarde s'admirant, s'assoit...
Deux Martini, puis l'émissole

Le Grand-Théâtre
À Bernard Jeannot, l'éphèbe dionysiaque

L'on y festoie, guerroie ! robes
Vestons virevoltent ; l'on se

Défie à la canne, semonce
À qui devise en fosse, crobe !

Le saltimbanque à l'opprobre
Sur scène, ballerine défronce

En bons vers l'on rejouera, messieurs-dames, quelle
bande-annonce !

Hégémonie de la vulve
À Patricia Petibon, la casta diva

Son pourtour est un vallon
Lit après le mont Vénus

Et sa sylve fleurie prunus
Bordé d'un orbe jalon

Gerbe d'amarantes sur sillon
Évoile Vanille en chorus

Ainsi nue, la majestueuse abreuve de son nectar junon

Paraphrase d'un conte d'Orient
Premier souffle
À Alex Hecquet, dit Diezy
mon cousin ouvert au monde

*

Tous virent arriver au mont
Moriah cette malika, figue

Ou knafeh, manière de brigue
Hâlée dans l'ombre de Rê qui

Telles Lilith et ses succubes
D'eaux née soûlait Salomon

Une smala, filles aux ailes d'Isis, à sa suite sème mar-
rubes (...)

Soupirs d'une nuit avec Thaïs
À Maître Fabrice Luchini

Ô ! frêle mie qui se lamente sous le sycomore…
Lorsque l'oasis de ses larmes affleure au soir
Est-ce nymphe ou Fata, sur qui manie l'encensoir
Muse dont, au moire remords, mes jours sont la claymore
?

Prométhée, je peindrai encore sa grâce, armor
Du lac Maréotis, ses perles en ma ciboire
Cueillies pour les hespérides, où rien ne s'emboire
Confiteor ! Que nos saumures adoucissent Mort !

Mille rhéteurs, je vous louerai un lustre durant
Devant les foules de l'anathème, Thaïs ; gardant
Vos soupirs, fille d'hétaïre, je vous ferai sainte

Dans mes poëmes… nous allons, telles deux vierges
bohèmes
Ruth pastourelle et Boaz bergerot, absinthes
Réunies au pas de la nuit, Jérusalem

Poésies
À Dorothée Gilbert, Sirius des baladines

Ces impressions de te saisir
Toi, entière comme l'onde où gésir
Au lit des bois sertis d'osmondes
Perlées de rosée, se couchant
En algues sur l'écume au douchant
D'une cascatelle qui gronde

Cette sensation contre saisines
Loin des ports de nos vies, alsine
Où viennent s'éprendre les gris Astrild
Aux charmeuses ritournelles ailées
Dis beau-jour aux gazelles, Astrid :

Quand elles s'abreuvent à la Mbali
Près l'hibiscus d'azur pâli
Une gloire — photométéore —
Floralies-nuée sur les eaux
Scintillantes de mots d'émaux
Sous-quelles rit Thalie... m'embiophore

Jeanne est une flamme
À Manuella de Niabodé, la muse de Lobaye

Oui, Jeanne est une flamme

Jeanne est une flamme
Son corps danse incandescent
Telle une langue-de-femme
Frêle dans l'ombre
Animâle
De mon désir flavescent
Qui malencombre

L'Albatros et l'Amazone
À Julien Rochedy, l'albatros

Il vous surplombait en longues rondes
Dans la bonde de votr'arc, des ondes
De chaleur brouillaient en volutes
Son plumage d'ombre — à éclipser
Apollon, cygne-flamant gypsé
Caban clairsemé du ciel, luth

Tandis qu'il planait au Couchant
Sur les steppes, vos mèches blondes au vent
Cinglant chevauchaient turkoman
De l'isle Lebos en mer d'Oman
L'aura de mille égides ornés
De zils ou koris, avinés

Comme Lydiennes, charmait les oasis
Cobras transis : satyriasis
Quand votr'châle s'ouvrit en son sein
Sur chair, sautoir de figues et chaînes
De taille Ô, odalisque Saphienne
Le grand oiseau n'était plus qu'arsin

Les Feux de la Cerise Noire
À Gabrielle M. Nadjibe, la prêtresse de la beauté

Gabrielle... perle précieuse élue
Du divin soleil ; fine lulu
Aux amandes flambantes
Qui, d'une caresse de ton sourire
Sur mes mornes vignes, au soupir
De la Lobaye, inonde d'Acanthes

Gabrielle… grâce au pas gazelle
Ta peau brunie, mademoiselle
Coulée caramel saveur mangue
M'est aussi suave à l'effleuré
Qu'une frêle fille-qui-danse fleurée
Et la frétillance des rotangues

Quelques jasons volent sur ta robe
De lin pastel, qui se dérobe
À mes yeux de Pyrame gemmés
Accolée par le vent au galbe
De tes jambes. Dis, Gabrielle, l'Albe…
Cesserai-je un jour de t'aimer ?

Livret couplet
À vos tragédies

Vers les Hespérides, Les Légions maléfiques
À Christophe Carelli, le veilleur des Lettres

*« Te voici mi-pieds
De ce tant rêvé cher vallon
Bis ; mais chevalons
Encor palefroi, équipier !*

*Car trop loin s'en est
Belle éternité ; Mélusine
Captieuse baesine
Du chemin des destinées, reste*

*Sur les primevères
Elle ébat ses ailes, sort la langue
Sirène et vipère
Charmant vers le fond des calangues
Regimbe, jules lecteur !
Devant ses légions maléfiques
Mirages horrifiques
Bien-tôt, sera en vue ta fleur »*

Celui qui passe à côté de la plus belle histoire de sa vie n'aura que l'âge de ses regrets, et tous les soupirs du monde ne sauraient bercer son âme[6]

Second épigraphe, Yasmina Khadra.

Le Petit tombeau sous l'Océan
À nos chers défunts
À nos rêves allés

À travers les sentiers meurtris
Par la haine
Peu importe les douleurs
Peu importe les péchés
Par-delà l'océan bleu
Qui s'étend sur des horizons
Lointains
Cette terre qui frissonne
La perpétuelle flamme
De mon cœur
Illuminera, par-dessus les pierres
Ton doux visage empli de lumière

Je l'ai senti
À Robert Ngondjo, le philanthrope

Je l'ai senti
Le doux bruissement
Du vent qui s'ébat
Sur les contrées lointaines
Il poursuit
Ses frivoles aventures
Jusqu'à l'oraison prochaine
Celle qui transcende les esprits
Tu l'as senti
Le doux bruissement
Du vent qui s'ébat
Sur les contrées lointaines
Et bourdonne à tes oreilles
Bien au-delà du réel
Tout au fond
De ton nid de pierre
Comme j'ai senti
Léa tendre effluve
De ton parfum
Murmurant une dernière fois
Les échos d'amour dont tu me comblais de tes soins
Je l'ai senti
Les sentiments resteront tels quels
D'une étincelle perpétuelle

Et d'un amour éternel
Ce doux bruissement
Du vent qui s'ébat
Sur les contrées lointaines
Il poursuit
Ses frivoles aventures
Jusqu'à l'oraison prochaine
Celle qui transcende les esprits
Je l'ai senti
Et tu l'as senti aussi
Par-delà le lierre couvert de lys
En souvenir du passé
Des deux côtés du miroir
À l'unisson de vie et de mort
D'une seule âme
Nous l'avons senti

Chrysalide d'Aubépine
À ma chère contrée meurtrie, la Centrafrique
Aux nouveaux martyrs du 24 mars 2013

As-tu déjà connu un baiser
La morsure du temps, des gens, du trop-plein de vie
et vers la Mort ?
Tu as peut-être connu le bruissement des feuilles
et le chant des oiseaux, près d'un ruisseau
Peut-être entrevu l'Amour, aussi, à quelque coin de rue
Aurais-tu su ces choses de l'enfance que l'on t'a dérobée ?
L'éloignement, l'isolement, le déracinement
Le sang et les larmes, la terre et les armes l'enfer
As-tu déjà connu les quolibets, l'opprobre, les brimades
T'es-tu une fois senti submergé dans un océan de froid
et de haine ?
Comme à l'agonie de tout, lorsqu'espoirs et rêves se noient
dans l'indifférence des souvenirs horribles
Cette sueur de peur… cet ossuaire de tes chairs

À qui le dis-tu ?
Porte ta peine, seul, dans le noir
Qui n'as-tu pas déjà méconnu ?
Auprès de qui ne t'es-tu pas déjà inconnu ?
Pourquoi nous mens-tu ?
À toi, à eux
À moi

L'on regarde
Jamais plus rien ne reviendra comme avant et
pourtant, le passé est ton unique éternité
Tu entends des voix
Tu es l'hamadryade de ton Histoire

Afin de respirer
Il faut t'étrangler le cri, flétrir la plume écarlate
Et alors
S'il n'est pas encore trop tard
De toi-même, âme
Connaîtras-tu seulement enfin le silence ?

Lampedusa
Au grand et sage Toumani Diabaté
et à nos anges allés
aux bords de la Méditerranée

Terre, sable
Mère, misérables larmes
Galères insondables

Rivages
Caresses idéales
Aurevoirs lestes
Rêves orages

Lampedusa, reine-île di
Sicilia, lumière marine
À la croisée d'Afrique e
Dell'Europa, là contrée
Dei desio, désir de vie
Ivre d'escapades clandestines
Sous le soleil, par marées
Batelet, creuset… remords dehors
Chapelet : corps
Mort aux aurores. Floraison fauchaison
Nourrisson maigrelet, poisson-enfantelet

Tragédie balade dont l'on

Ne revient, quand l'horizon
Gris de malice se dérobe
Que cœurs et âmes s'endorment probes
Au rythme de l'agonie, onde
Monde, dans l'immense bleue-prison
Pour qui l'Homme n'est que microbe

Lampedusa est l'histoire
Le naufrage d'un amour qui
Délaissé par tes bras, moires
Jumelles blanches, abri exquis
T'implore, Italie flétrie
Miroir des espoirs martyrs
C'est soir d'une famille meurtrie

Le Métèque
À Vladimir Arsène Koukoui
le nouveau Baudelaire

Il m'arrive quelquefois... d'errer comme au-dedans
De moi ; reclus, pareil à un métèque
L'âme allée aux regrets des si nombreux échecs
Des tourments, glas, se fait crépuscule-ascendant

Et tout n'est alors que brume, blizzard et éclipse, soir...
J'entends le Léviathan rugir âpre aux rivages !
Vois Fenrir engloutir la lumière sur des plaines moires
Et enfin Hiro qui assèche les cœurs : orage

Ainsi bel-ami, sommes-nous frustes hôtes en nos corps
Sans cesse visités par les transports et les sorts
Divine passion romantique des poètes maudits

Qu'avions-nous à dire, aux confins de nos démons
De cette incompréhension d'être spleen puis réduits
À l'errance prophétique au royaume d'Amon ?

L'Autoroute des Ombres
À Tom Pauzet, le cinéaste

Je longe seul ces couloirs sinistres
Aucune idée, pas la moindre pensée
Rien ne daigne traverser mon esprit
Je suis un simple fait, le ministre
D'une perdition encore inachevée
Il n'y ait que taire, plus de bruit
Ce n'est que l'avènement de la fin
Tout débuta furent quelques mois de cela
En-deçà de mon être je me trouvais
Lorsqu'une forme inconnue m'emporta
Sans pitié était-elle, désarmée chut ma foi
Sur les sentiers enneigés du mal
L'esprit limité, point même de mânes
Puisse : je nageais ; je nageais dans le froid
Qu'importe à présent
Nul besoin de combattre
Les ombres se sont emparées de moi
Tel un pantin saupoudré de désarroi
C'en est fait, je n'en puis plus
Désormais tel un fichu
Ainsi je vous appelle à l'aide
Sans la moindre once d'esprit
Mais bien avec ce qui persiste de conscience
Je vous appelle donc et vous supplie

Mains jointes je vous conjure !
De m'accorder un semblant de survivance…
À présent vous saurez en quel lieu
En quelle demeure siège le mal
Le véritable, l'absolu, l'incongru
Sur le chemin de l'indigence
À l'orée des cyprès et par-delà
Celui qui se targue de tout milieu
Le même qui nous rend furieux
C'est le cri d'un handicap désespéré
Que vous venez de recevoir en vérité
Je ne puis m'empêcher de vous décevoir
Autant donc commettre ce blasphème
Rien de bon que le délibéré
Celui-ci dont je fus jadis privé
C'en est fait
J'erre en ces endroits garnis de méfaits
Je suis, donc j'existe
Cependant j'erre, vous dis-je
Seulement
Aussi niais que la moindre des âmes
Que la dernière grâce
Oracle sombre
Je suis donc je ménuis
Créature de la nuit
Sur l'autoroute des ombres

Sa Grâce
À Augustine Remy, la gente dame coulée de noir

*Arriva un triste jour
Où un homme vendit son mâle*

*Et mourut du cri primal
Afin qu'il se fasse ajour*

*Près le giron de sa Dame
Que nulle repentance ne goure*

Faust ! Voilà qu'il concéda tout pour enlacer Sa Grâce

Soupirail *(d'une bâfreuse d'hommes)*
À Clara Stromboni, habitée des arts

Écho, en compagnie d'Alecto : « Hélas, Hélas ! toujours seule ! »
Aux anses perlées d'Évane, prostrée sur le balcon de quelque théâtre

*

De son antre démise profane
La candace n'aurait cru lire

Sous un nouveau ciel la lyre
D'un galant cygne cléiophane

Ni d'un mécène le sourire
Pour son galbe frustré de fans

— Ô, Ève-Ane ! … n'eut-é l'ire des Vanes sur narcisses, vous seriez gaie (…)

*

… et si …

Amanda
À Axel Matfara
le thérapeute musical philogyne

Tu murmurais, un sourire t'habillant les lèvres
L'humanité ayant quelque chose de changé
Dans la malice de tes yeux sevrés de rêves
Qu'il valait mieux s'évader ; à quoi bon exister ?

Tu te sentais seule, parmi les décombres, les
Espoirs avortés de ces âmes vagabondes qui
Venaient cueillir les épines de l'amour, ce lait
Originel désormais enfoui dans la nuit

Écoute Amanda chérie, ton cœur parti ailleurs
Malheur lové, n'est pas l'un des leurs. Ces talons noirs
Crissant les mensonges faisant toutefois mon bonheur

Là-bas, dans cette sombre ruelle, n'émanent pas de toi
Pour m'enivrer de ton nu, Amie écoute-moi :
Ce soir, reviens pour toujours Amanda

Aude
À Maître William-Butler Yeats

Aude n'avait crainte, fière rebelle
Oui, de rien ; ni des libelles
Nenni haine : vieille colombelle

Elle avait tout vu d'hier
Mais surtout, jules, elle aimait
Doux rêve de partir en mai
À ton bras, sa seule prière

Non, Aude danse au lupanar
Où tu as ferré des chaînes
Pour ses grandes ailes italiennes
Qui feint chérir d'un dinar

Quand tu crois la posséder
Que tu la fuis, bon salonnard
De gentes dames… sache-là ta Médée

Une fille du siècle
À Antoine et Florence Font
L'humour, l'humanité incarnés

*Elle avait chu gourgandine
Visage pourpre, et lèvres charnues*

*Brillants, avides, ingénus
Frémissant d'huiles masculines*

*D'atours, outrage les pines
Quand sa croupe se dandine grue*

Havanaise ; ou quand sa chair languit en une fresque ondine

Mais ma Line ne danse plus, brûlée à la flamme des désirs

*Elle jouit à s'en tarir l'huître
Nicotine, vodka, loisirs…*

*Loire aux mires, seule à gésir
Dans sa garçonnière, rue des Fruits*

*Sur lit de népenthes, amüie
Baisée du siècle à rosir*

L'Arlésienne
À Maxime Lledo, le vieux frère

J'ai perdu mon Eurydice
Ma Candice, mon âme-mie...

Ô lui, Arles ! fourbe ! la fit Sienne
Et calice de son val vice

En sa tour, la rêverie
En sa chère, mièvre arlésienne...

Est lui, mon pharmakon, l'éternelle madeleine en mienne

Anna Nihila
À Armelle Martinez, la France

La belle Anna Nihila
Jouvencelle contée fleurette

S'est éprise de la fléchette
Qui vertu annihila

Amer fut le réveil de
Noces lorsqu'elle vit une autre, penaude

Étalée lys sur sa niche, s'étant perdue pour l'hubris

Magdalena
À Eliya Ca, dont le corps tout entier
est à lui seul galerie d'art

Notre nuitée à s'amenuire
Dans le chant des hiboux pour jouir
Son soûl de mille suaves hyménées
Elle n'était plus qu'un souffle d'été
Quand la mer coula, de son ost Léthé
Nos reggadas à l'ombre d'hennés
Je ne fus jamais l'auguste prince
Vingt malandrins, sous la chainse
Ravirent l'âtre de ma Dendérah
Selon eux fruste kiosque de transit
Mais à mon cœur l'andalousite
Valant si faste habanera
C'est ainsi que, dret tel un suisse
Je veillerai de ma sarisse
Au son des mornes soupirs d'Atlas
Avec, sans cesse, un cher cutlass
Pour saillir en nos souvenirs
Sa tour-mausolée m'envenir

Les Chimères
À Valéry et Fabienne D. Lingoupou
pour leur soutien de toujours

Les prémices de souvenances très au loin surgies
Murmuraient à mon ouïe litanie d'arcanes
Manières de flûtes de Pan en furies de Diane
Drames que l'on pleure au clair de lune par élégies

Tenue en lisière par ces rêves de théurgies
Hiérogame mon âme cédait aux succubes diaphanes
Veuves noires m'enivrant sans cesse aux relents des mânes
De mes fredaines devenues amères liturgies

À la cime de mes lanternes, ballet infernal
Effusait avec une décadence bacchanale
Jusqu'à la mèche de flammes que j'allumai en hâte

Afin d'ensevelir sous un Vésuve ces moires
Ces temps et la némésis sur moi, ô, Pilate !
Qui devant prophétie des mémoires, fus couard

Le Chant des Anges, suite rimale
Chant un : Tristesse hivernale
À Arsène Minime, l'A.J.B. Minime Sr.
l'éternel guide de mes pas

Chaque enfer, quand il fait froid
Que la nuit longue cœur éteint

Et qu'un manteau de satin
Couvre ce qui ruine de soi

Je vois au loin ton beffroi
Dame chandelle des fretins

« *Est-ce toi, Melpomène, qui étreint la tristesse hivernale ?* »

Chant deux : Clair de Lune
À Ferrante Ferranti, l'écrivain des images…

Il y a, sous un clair de lune
Des indigents se cachant

Au silence du monde dormant
Le temps d'une accalmie brune

Ils traînent la croix de lheures lie
Cependant qu'un ange brume, passe…

Et il y a ton quiet soupirail qui les voit, Debussy

Chant trois : Il est né, le divin-enfant
À mon cher Franck Juré, le grand Poëte

Chants ! le divin nous est né
Hosanna ! un enfant-roi

Se couchera sur la croix
Afin de notr'chœur laver

Pécheurs, à l'aube de sa gloire
Nous renaissons pardonnés

Ave Maria ! Oui, il nous fut né, le divin Infans

Requiem Lacrimosa, Lamentoso
À Clémentine Davy
celle qui savait captiver les âmes

Contre un sofa, gisait-elle là
Un pan d'étoffe de sa stola
Découvrait un versant de sein
Diaphane, à l'airain satiné
Sous-quel quelque pouls passionné
Mouvait sa tignasse d'apocyn

Son bras sur coussin de velours
Dans la cantina d'une loure
Valéria la poephila
Roucoulait effluves de lente
Tout printemps, et pétales galantes
Requiem vers son isola

Soudain ! : frétillèrent sa parure
Ses cils pleins khôl ; Ô ! sade cyanure !
Tandis qu'elle soupirait, pâmait !
Lèvres roides... teintes au pourpre La Scala...
Milan, après les courtines lasse
Candele lacrimant, dormait

Lieder et mélodies :
À la recherche du diadème échappé
À Stéphane Edouard, le sociologue à lunettes

Voilà bien longtemps que je
Dors, chère, à la belle étoile
De vos yeux — vives huiles sur toile
Abritant le vase neigeux

Des secrets murmures et jeux
Du monde, dont vous êtes la voile
Il y a si tant que je...

Odalisque, musée où je
Coule mon viril vin ès oille
Du millésime des siècles : moelle
Élise-Ariette au cœur fange
Voilà bien longtemps que je...

Archives
À Loris Marcy, mon cher philosophe

Quelque part nichés au bord de ces paisibles bois
Les mièvres éclats du passé, telles des sirènes
Faisaient resplendir les soupirs de la nuit froide
Dans un ailleurs clairsemé de flots… mises en scène

Ta silhouette était pareille à mes songes, belle oasis
Tenant quelques archives de nos ébats, nos émois
Éventés, avortés au paradis possible
De ceux que l'on oublie de dire, aussi, de soi

Je te voyais là, douceur étalée de long
Les yeux clos pour un dernier voyage, loin de moi
Te revoilà t'élançant tout sourire, colombe

Pour enlacer l'éternité, sans aurevoirs
Onde ! laisse-moi baigner dans ton ombre une fois encor
Baiser sur ta peau les reliques de notre corps

Demain ne reviendra plus
À Julie et Ilona Hecquet
À Gloriana Guipi
mes princesses

*Demain ne reviendra plus ; souvenirs d'hier
Là, qui nous hantent et se nourrissent de nos tourments
Et voilà que dansent, au bal des regrets-amants
Nos soupirs, les espoirs allés en croisière*

*Bruisse alors la voix du temps qui, perdu encor
Dans les méandres de nos non-dits, au chevet de
L'amour se mourant aujourd'hui… va et minaude
Pleure, telle lente agonie de la déesse Hathor*

*Et rien ni point n'apaisera peine en nos vies
Là où l'éternité, déjà, de nostalgie
Nous baigne à l'envi en ces fracas de
« si ». Oui*

*Demain ne reviendra plus ; des larmes retenus
Le présent s'étalant d'hier à l'infini
Nos cœurs las, de leur bonheur se sont dévêtus*

Puis nous nous sommes dit adieu, ce matin-là
À Patrick, Ed et Joël Lessene, lumières de ma vie

Il avait sonné sept heures, le jour se levait
Et tu étais toujours aussi soleil en mon
Cœur… impératrice du monde, semblable à Ammon
Qui du cocon des songes, à la nuit, émergeait

Ta chevelure acajou, ondulée à brise
Répandait par travers la pièce ses suaves effluves
Promesses d'escapades englouties par un Vésuve
Que recelait l'ombrelle de ton sourire alise

Le café fumait déjà : grâce, mirage ; orage
Le chant des oiseaux me souvenait tienne voix, Brage
Ces lèvres… lauriers de baisers, « Ecce que navo ! »

Oh ! Puis nous nous sommes dit adieu, ce matin-là
Cette fois qui ne vieillit ni ne se finit pas
Et depuis, durement, je suis un homme nouveau

Peut-être un espoir de printemps
À Jean-Baptiste et Lydia Tabone
cœurs offerts au mien

*Lorsqu'orage en toi s'ébat
Que de ton âme dam s'empare*

*Qu'il n'y ait nul refuge à part
Où abriter ses bris-bât*

*Là, primevère s'étendra
De ta tombe en contrebas*

Alors il y aura peut-être un espoir de printemps

Le Voyage
À Patricia Bonnin, l'amoureuse des mots

Elle a bien cru qu'on n'y arriverait jamais
le voyage a été terrible
Il est vrai que nous avions tant à traverser
du pays, des hommes, des souvenirs… des temps
Nous nous étions élancés avec les ailes et la sève
de la jeunesse ; voilà que nous accostons avec les larmes et
le fard de la sagesse
On s'est connu, on s'est aimé
on s'est déchiré
supporté, cajolé
Et désormais, on s'enterre
Catarina veille à mon chevet
depuis le commencement la découverte et la chute
l'ayant suivie. Elle m'étreint la main, là
au soir de ma vie, comme elle faisait autrefois frissonner
mon cœur à l'aube de notre histoire. La fin est proche
l'épilogue d'aventures intrépides et passionnelles
la dernière oraison, au chant de la plénitude
Au fond, que restera-t-il ? De moi, d'elle, de nous ?
Je sais seulement que ni la déchéance de la chair
ni la déraison des tempérances
ne sauraient altérer l'acuité et la finesse des sentiments

Les Halles
À Léonie Yamodema, mon pilier d'enfance
À Patricia Guipi Bopala

Nous courions le temps, la mort
L'olifant gris-mordoré

Contait pour nous, à l'orée
La plainte des orgues sur la flore

Et, Suzanne, lâme sur les Maures
Vous aviez flancs perforés

Des flots vermeils ruisselaient sur votre œil fort écorné

Le Royaume des Cieux
À Lucienne Sokpawo L., ma très chère grand-mère
depuis le berceau
ma tendre gloire et seconde maman

Ils déambulèrent en Acre
Au clairon de la Vraie-Croix

Leurs éperons cinglant foi
Au roi à la Mélusine

Faire grêle au pieux de Damas
« Ô, vous ! Tels cents Roland roient

Levez cœur haut nacre, humbles ! chevaliers du royaume
des Cieux »

La Lumière

À Gaston Thoni, le grand-père qui m'a tant transmis
et à son fils Jean-Arthur

Elle virevolte crescendo
Séraphine, éploie ses ailes

Fluettes, comme si tout véniel
Pouvait être transi des eaux-

Vie, vers cet Eldorado
Et que des ténèbres, le fiel

Viendrait choir en ses tréfonds ; Mais son sein leur luit
trop haut

L'Âme au Mali
À Mariam Keïta, la demoiselle d'ébène

Dans leur regard, bruissait la clameur de l'espoir
Eux, qui n'avaient de cesse d'embrasser le grand monde
Si vaste, s'élançant par-delà lueurs moribondes
Petits êtres hagards, miel d'une vie dérisoire

« Ô tendres promesses de plénitude qui dorment ce soir...
Pour peu que votre grâce ne se détourne de l'immonde
Qui émane de nos mièvres jeux d'enfance vagabonde ! »
Oh ! « allons, mes chers démons, anges par votre histoire »

Une femme se tenait là non loin, à leur côté
Elle s'adressait ainsi à cette humanité :
« Majesté sans bonté est damnée

— Toi qui erre là, je te vois
mon amie
meurtrie. »

Ainsi nous enseigne : pour toute richesse, nous n'avons
qu'à aimer
Lamomali nous, mémoires de sa vie[7]

---

7 *Lamomali* : Référence au collectif musical, et à l'album éponymes.

L'Aumône du Désespoir (Sonnets)
À Siegfried Bahaba, et Muriel Malus
À Bangui

Un groupe d'enfants sourit, édentés et chétifs
Ils jonchent ces bars puant la bière et la misère
Ils jouent dans ces allées, suffoquent dans la poussière
Leur mère ne les voit plus, son œil est maladif

Au kilomètre cinq, les véhicules pullulent
Au creux des caniveaux, les hommes prolifèrent
Ignorant ces enfants qui de leur âme amère
Tentent une belle incartade, oubliés dans leur bulle

Et de ces êtres affreux émane une folie
Qui me fait lentement dériver telle une ombre
Abandonnée fuyant la rumeur et le bruit

Où trouver le refuge ? Où fuir dans cette nuit ?
Où trouver cette nuit ? Où fuir dans ce refuge ?
Où trouver cette fuit' ? Où fuir dans cette nuge ?

Le Marcheur d'Ombre
À Ariel Amokomoyen, le Jeune Premier

Cache-moi, cache-moi de ce miroir que je ne saurais voir
Mène-moi, emmène-moi loin du noir et vers les émois
Le miserere des ténèbres
Et masque-habit éphémère
Longe cette sinistre nuit
Comme un songe qui m'enlace
(| ami-mélasse | las)
Me ponce (| ronces), caresse flétrie
Tel l'infini dans un entrelacs
Une crevasse morne
Est enfermée dans le regard du marchombre d'Or
Qui m'effa-Rhône, nonne d'Acara
(| acariâtre)
Et Fenrir, le menhir d'ambre dans la vallée des amantes
Chérit la rosace éternelle, vanesse au visage flétri de sombres mystères
Cache-moi, cache-moi de ce miroir que je ne saurais voir
Mène-moi, emmène-moi loin du noir et vers les émois
Sauriez-vous errer
Sauriez-vous crier
Sauriez-vous pleurer
Et personne ne le voit, ni ne l'entend
Voudriez-vous partir
Voudriez-vous médire

Voudriez-vous mourir
Et sonne le glas, de ce monde d'encens[8]

---

[8] *Marchombre* : néologisme assemblé par Pierre Bottero.

Nuit étoilée
Mouvement deux : Lamentations
À Marc Alexandre Oho Bambe
qui a mis les lumières sur Oujda

Dans l'huile noire de ton regard fils
Défilent en amont les âges moires
Comme un rappel de toutes ces fois
Lorsque tu étais encore toi
Et qu'alors la furie des armes
Ne se mêlait pas aux ballades
Elle qui grave dans l'insondable âme
D'un enfant des océans de larmes
Et des ouragans de regrets
Le courage de courir pour ne
Pas mourir la rage de survivre
Fuir à l'envi naviguer entre
Ces comètes qui tombent en cratères
Au milieu des cris ici-là
Tout près le même chant aux oreilles
D'espoirs qui se meurent en une heure
Au rythme d'une marée effacent
La brève histoire d'une vie entière
Allée dans le sang le silence
La poudre d'un soir couleur vermeil
Vois comme tout se finit mon fils

Mélodrame orphique
À Maëva Glémarec, le charme de vivre

Chère de ma chair, bise sur l'ocre
En cathédrale de mon âme

Dame qui de sa présence enflamme
Mes tourments et mes drames orbes

Ce miel que mon être réclame
Cette reine à mon poitrail

Pour rien je ne la perdrais ; Orphée, je vaincrai même
mort

Tofino recall & farewell
À Corinne Busson
mère charismatique de l'Histoire

In your gaze I feel nostalgia

See the ocean of a perfect blue
See the horizons that continue
To reflect in this bright light
Far away into the night
Never forget the sweet rustle
Of the wind which comes to the river
Never erase the fresh morning
That revitalises whales swimming
Remember, just remember
We were around a fire
Sharing a childhood happiness
Your joy tears flowed into the darkness
Smile, please smile
We were contemplating the sky
Our spirits became one with waves Until you fell asleep
while hearing the tide
Feel, feel like a broad
As we hungrily broiled
And then went to our bungalow Where you felt like at home
Come on, come home

Just follow
That breathe, and

See, we were in Tofino
A place for hope

Tofino, souvenir et adieu

À travers ton regard, je me sens nostalgique

Regarde l'océan d'un parfait bleu
Regarde les horizons qui continuent
De se refléter dans cette lumière étincelante
Bien loin sous la nuit
N'oublie jamais le doux froufrou
Du vent qui vient à la rive
Et n'efface jamais la rosée des matins
Qui vivifie la nage des baleines
Souviens-toi, souviens-toi
Nous étions autour d'un feu
À partager le bonheur d'une enfance
Tes larmes de joie luisaient dans l'obscurité
Souris, s'il te plaît souris
Nous contemplions le ciel
Nos esprits ne faisaient plus qu'un avec les vagues Avant
que tu ne t'endormes en écoutant la marée
Ressens, sens-toi comme au large
Morts de faim, nous dînions au feu de bois
Puis nous allions à notre bungalow Où tu te sentais
comme chez toi
Viens, reviens à la maison
Suis simplement
Ce souffle, et

Vois : nous étions à Tofino
Un lieu d'espérance

À toi, l'âme oubliée…

Ombrelle, mirador
Querelle s'envole… condor
Idéel à Pandore

Agonie…
Promenade euphonie
Songeries fades
Sérénades-escobarderies

Sur le chemin de l'envie
L'enfant s'est brûlé les rêves
Si pleins, qu'ils faisaient sa sève
Si intenses… qu'on lui ravit
L'on prit son avenir, aussi
L'insouciance et les arpèges
Ces manèges d'émois, ainsi
Ô toi, mon tendre chéri
Que j'aimerais tant te dire
L'étoile en toi, te candir
La plus riche des astéries
Mais voilà, tu dépéris
Rien ne réfrène d'anordir
Ton chagrin, frêle vauchérie

Ma petite voix intérieure

Mon frère. Tu es le manque à
Ma vie. Hier encore, béat
Qui tenait pour le relieur
De ce qui anime mon cœur ?
Le soupir de l'althéa…
Reine alcôve des bonheurs

À
L'Oubliée, toi
Âme allée
Alliée candela...

Ma loyauté
Par-delà l'altérité miroitée
Va l'éternité

Une part de moi s'est envolée
À Hélène Carrère d'Encausse
dont les mots sur le perron de l'Académie
en mai 2012, ont avivé ma vocation

Elle s'en est allée
Loin derrière les champs de blé
Elle a ainsi traversé
Les rivières écumées
Aussi légère qu'une dulcinée
Elle a volé, volé
Et, mystère, ne sera rentrée
Ingrate, elle a dépassé l'orée
Son joli teint miroite au ciel
Il éblouit tel un éclat couleur miel
Et elle, s'enfuit comme une hirondelle
Diantre, comment la rattraper dans l'éternité ?
Partie
Une part de moi s'est envolée
Elle s'en est allée
Loin derrière les champs de la velléité

Après la fin du monde
À Jonathan Minier, mon fidèle ami

Nous marchons à travers des paysages désolés
Déserts et sans vie, en observant nos péchés
Nous contemplons sans bruit le fruit
De toute une race, gâché en une décennie
C'est la fin du monde, il n'y a plus d'espoir
Toute notre espèce a été décimée
Enfants innocents et même femmes enceintes
Nous ne méritons que ce qui nous arrive
Nous sommes les derniers représentants
D'une race depuis longtemps disparue
Sous un soleil de plomb, nus et sans défense
Nous nous dirigeons vers notre destin
Nous sommes après la fin du monde
Et il n'y a plus d'espoir
Nous disparaîtrons sans laisser de traces
Emportant les derniers vestiges avec nous
C'est écrit, nous n'y pouvons rien
Nous sommes coupables
On ne nous doit aucune pitié pour nos actes barbares
Nous allons, sans laisser de traces, vers la fin
Après la fin du monde

Errance humaine
À Léa Lingoupou L., ma magnifique tante

Sous cette lueur qui s'éteint
La nuit furieuse s'avance
Défie la saveur rance du chagrin
Niché là-bas, en milieu de désespoir

Un amour, de rage dorénavant éperdu
Vient troubler de son reflux l'accalmie des soirs
Le sort et le spleen perdurent
Tel sur l'âme le fracas des larmes
Dans l'infini d'un entrelacs

Puis ici enfin, deux amants
Pleurant sans gêne
En une fièvre homogène
Le rêve allé de leur enfant

Lost in the water
À Victor Massonnet, le formidable
disc-jockey des rêves

It is raining

Your tears are flowing

A slide on your frail heart

Whispering in the dark

Your wet hairs

Waving in the air

You were frozen alone

Like a dead anon stone

See, everything is moving,
Crying, for my fallen soul

Is tormented into the glow,

And your selfish spirit

A fluttering flower

Without any mind and wish

Is now lost in the water

Évanouies dans les eaux
Et à Nicolas Perrin, et Alexis Fouillade
depuis des temps immémoriaux

Il pleut
Tes larmes ruissèlent
Une avalanche sur ton cœur frêle
Murmurant dans le noir
Ta chevelure imbibée
Mouvant à l'air
Tu étais frigorifiée, seule
Comme une pierre morte et anonyme
Regarde, tout est en mouvement
Et pleure pour mon âme déchue
Tourmentée dans le rougeoiement
Car tes pensées égoïstes
Fleurs flottantes
Sans vœu ni désir
Se sont dorénavant perdues dans les eaux

La Fin
À Patrick et Olivier Poivre d'Arvor
à jamais enfants de l'aube alexandrine

J'erre en ces terrains sombres
L'âme vagabonde
Et le cœur en vogue
Je suis pris entre deux étaux
Qui séparent le monde que je suis
Et celui dont je ne suis pas
Je hais la société
Les gens, l'enveloppe
Il n'y ait pour moi d'autre pureté
Que l'harmonie absolue
Celle du commencement
Celle de nos ancêtres
La vie n'a de sens
Que pour celui qui a cessé de la vivre
La mort n'a d'attrait
Que pour le vivant
Oh, pleure
Saigne mon art
Esprit de feu et de lumière
Qui me fait exister
Et me contraint, en cette humanité
À errer en ces terrains sombres
L'âme vagabonde

Le cœur en vogue
Je suis pris entre deux étaux
Qui séparent le monde que je suis
Et celui dont je ne suis pas
J'erre sans fin
Jusqu'à l'orée de la prochaine foi
Et le lever de rideau final

LaHaine
À Gaël Glory, le mangaka
la vigueur clairvoyante

Elle me ronge de l'intérieur
Envahit mon être
Me remplit d'idées noires
Aussi obscures que le fond de mon âme
Elle prend possession de mon corps
De mes mouvements, du moindre de mes gestes
Elle éteint en moi les lumières de la vie
De l'amour
Elle me possède, m'emprisonne
Et m'ouvre les portes d'un monde encore inconnu
Le royaume du mal
Je ne réclame qu'une seule chose
Ma vengeance
Je hais tout
Absolument tout
Je te hais
les hais
vous hais
Je me hais
Je nous hais
Et je l'aime
Elle
Elle est moi, et je suis elle

À jamais
LaHaine

Elle
À Léonie Gobanda, alias Moké
ma grande sœur, et Éric Tourneret

Elle, qui marche dans la nuit
À la recherche des esprits d'antan
Sur les routes de l'ennui
Les harcèle tout le temps

Elle regarde ce monde
Si merveilleux
Dans le rythme des mémos
Mais pourtant réservé à ses aïeux

Elle court, court
Sans jamais trouver la solution
Humiliée et prise de court
Cherchant sa résolution

Elle s'approche de sa maison
Nourrissant un espoir
Puis découvre une trahison
Les innocents n'ont point de soirs

Ces sentiers pernicieux
Souvent tristes dans la nuit
Elle, à travers le désespoir

Les a connus

Au sein d'un monde ivre

Où il faut une raison de vivre

Cantabile !
À Christophe Béchu, Maire d'Angers
il saura

L'amore ! ce chant de braise
Qui le givra cependant

Il savait crème anglaise
Couler, nicher endéans

L'antre des frissons, qui renfle gaize
Et reflue fièvre céans

L'anamnèse ondée, tantôt hymne ou grisonne, susurre
ment

VII
Thème principal : Les Pleurs
À Florent Destin Makambala, le Sage

Ô miserere ! voilà que
Du ciel descend Azraël

« Pénitence ! », prient ses mille ailes
Alors les hommes tournent casaque

À qui les pleurs, d'Israël
En Roma, le mieux convainquent

« Mort éternelle, belliqueux »

Elle avait les yeux de sa mère
À Yohan Bellanger, depuis le lycée

Elle avait les yeux de sa mère
Elle les avait bleus
Et les cheveux au vent
Le regard ravageur
Et le visage rigoleur
Elle avait les yeux de sa mère
Les chaînes de la tristesse
Au fond de ce filament-nœud
D'un geste profond, autrefois, l'éclairèrent
Car au travers des ténèbres
Une cloison
Puis ces anges qui toujours l'appelant
Où même la peine
Ni la détresse
De tendre indulgence
N'allégeraient le ton de sa liesse
Celle de ceux qui se savent en paix
Oh... cette flamme de chagrin
Ce miroir qui s'est déteint
Parce qu'elle n'osait les flétrir
Non, la belle ne savait se chérir
De crainte d'être frappée indigne
L'on ne naît que d'une vie
Pourtant elle n'en avait cure

Lorsque rien ne valait le fardeau du vécu
La morsure fut un délice
Et des perles de sanglots nourrirent le calice
Catastrophe, catastrophe !
Elle avait les yeux bleus
Les cheveux au vent...
Mais enfin pour moi qui la chérissais
Princesse des cieux
Disparue au levant, surtout
Elle avait les yeux de sa mère

Belle douleur passagère
À la famille Mandaba
pour ses encouragements

Le rideau clairsemé de verre s'affaisse
Cet anneau de blé et de fer
S'émiette
Alors
L'ondée infinie déverse
Son flot d'argent
Aussi fugace que le vent et impérieux
… grain de poussière
Une volute de fumée se dresse en l'air
Électrique, éclectique
Elle obscurcit la misère de la terre
Auguste, elle la cristallise
En un émoi mortifère
Porté par l'oraison des sirènes
Lointaines
Dehors déjà, ou en son sein d'orge
Peu de divergence
La vie est une cheminée d'ombres
Au parfum d'ambre empli de diligence
Qui par une mystique langue
Hante les hommes et les tourmente
Puis
De l'infini en un regard

Chante une ultime mélodie
Aussi roide
Que le miroir
Florissante sève lacrymale
Mirador honni du drame

Melancholia

À Isabella et Andrea, mes tendres cousins

De mon séant sur nuages gris
Emmitouflé, l'air mistigri
Dans les ailes de l'aumône des temps
Ma galatée... chue propétide
Tu happais, aura caryatide
Ma moire et ses songes de printemps

Une femme arborant la mante
Était-ce toujours bien toi, Amanthe ?
Comme façonnée à mon image
Se coulait sur la canopée
De mes vieux mondes, voies calliopées
Pythie et kora d'arrimage

Je naviguais ainsi à l'ombre
De nos amours d'antan, pauvre scombre
Quand je me rêvais albatros
À la claire-vue sur ta pudeur
Hier ; alors que, ta grâce, mon heur
Fut à jamais mes seuls kastros

Au coin du feu...
À Yann Zinsou
l'excellence africaine

J'aimais, chère, ces belles histoires
Que vous me contiez au creux
D'un feu, les soirs doucereux
Des dimanches incantatoires
Vous étiez mon territoire
Je me sentais moins cendreux
Sur votre sein, ma victoire. Fuir notre malemort, ceints
heureux
Las, je devrai vous quitter
Vous le saviez, gente Aurore
Ce corps qui se détériore
Vous est telle une orchidée
Fanée : majestueuse, litée
Par une tristesse frugivore
De vos joues, perlant devant l'iniquité, l'or contr'sort

L'Oraison du Vieux Merle
À Michel Caniaux ; l'homme, l'ami
la voix d'Europe

« De bien curieuses créatures, sont les hommes
Nous les voyons qui gambadent à travers les prés et dans les villes
Des hauteurs de nos perchoirs, sans que jamais ne cesse ce raffut servile
Bienheureux sont-ils lorsqu'ils chantent au son du cuivre qui résonne
Sonne aux oreilles de la terre-mère, au bois dormant
Et nuit auprès de la mésange voisine qui frissonne au levant
Ô ! l'homme est un être triste, aussi lisse en ses mœurs que fleur à ses heures
Or qui telles la rosée et sa senteur, embastille le monde dans le règne de sa tyrannie
Lui qui croit en ses leurres martyriser la litanie et la légèreté de la vie
Devrait d'humilité apprendre que ni du sel ni de la sève éphémère du chêne
Nul deux fois ne survit à la majestueuse aurore polaire
Ainsi fut la parole du Vieux Merle
Ainsi s'en fut son chant de flûte
Aussi noble que l'huître perlière
Pierre d'onyx et oraison lyrique

Vers une nuitée mélancolique, avec lui
S'en est allée la raison de la gens »

Une Vision de l'Horizon
À Jenn Ayache, l'amante de la musique
Lola

Me revoici, devant là où la terre, la mer
Et le ciel s'embrassent ; me revoilà à la croisée
Des souffles des vents, dont la danse sur ces lares chasés
Dessinant sans cesse sur sables d'amoureuses vimaires

Embrase mon cœur du rire d'Eulalie, jadis mère
Amante d'un vert aède, qui hui est son musée
Sur la ligne de l'horizon, mille nuées d'anse, et
Irisées via camarguaises allées du char solaire

S'écumaient au bruit de balsamaires merguntur
En une pléiade de bris. Telle une armature
L'isle Ouessant... ses sternes, et graciles dau-
phins d'Électre...

Marmonnaient la geste de voyage de ma vierge mie
Je me tournai vers la station : Elle, là, en spectre
Marchait ; sa chair devenue maërl dans la nuit

Histoire du Romantisme
À Maître Victor Hugo

Dans le songe des temps, des arcadiens s'embrassaient
Au bord des eaux frétillantes du Ladon, où Pan
Sonnait de sa flûte de bois fleuri les nymphes ; tant
Daphné, belle aux lauriers... son corset délaçait
Au soleil, au grans sourire des geais qui bruissaient...
Qu'Améthyste, son diadème serti de pierres ; quand
Violettes ou blondes, leurs robes volètent sous l'onde naissante
D'une risée friponne, courent jusque leur suite-lucet.
Et ces dames sémillantes, les mélies des prés, dansent
À l'ombre des magnolias sous-quels rêvent les aèdes
D'idylles et de vers : fresque dont quelque tiède esthète
Saurait de grâce saisir, repeinte en sa béance
D'éternité dérobée, le friselis-vie
Ci-près, juché sur le Montparnasse, cher rhapsode
Vous faisiez à la gente muse un récital d'odes
Et, Thalia, ses lèvres vos promises... mimait sans vie

Ah ! je voulais être Poëte
À vous, mes chers Confrères

D'aussi loin qu'il m'en souvienne
L'âge de mes premières chansons
Quand je naquis échanson
Des saintes muses lunes vénusiennes
Et qu'en ces eaux diluviennes
Où baignais-je alors Samson
Depuis le giron de mère
Je dis vœu de faire nazir
À vie commis au vizir
Des belles lettres le barde Homère
Farouche page de la grammaire
Gentilhomme d'un seul désir
Ah ! chère Elvire ! déjà ! je
Voulais être seulement poëte
Ou rien sonner la goguette
Pour mes confrères partageux
D'un idéal orageux
De vers libres alouettes
Dernières veilleuses de la prose
La ballade des amants-monde
Contre les torpeurs immondes
Que les amours encloses
Viennent épandre en une hypnose
Mornes épitaphes sur leurs tombes

Mais, las ! jeune rêveur… j'étais bien seul pour faire rire les roses

Simplement écrire, ou mourir
À Elisa Mercœur de Nantes
dite L'Armoricaine
la maudite

J'écris des vers pour ne point
Ressentir l'ennui au loin
Qui point sur des jours toujours
Plus longs bien voraces vautours
Ils harassent mon piètre chemin
Livre au fuyant parchemin
Dire, pour ne mourir demain

Rappel de scène, Encore
À Carine Greusard et Chloé Lourenço
jolis papillons

Encore, encore ! ...

Allons donc, ami ! Hé, quoi ?
Ce concert n'est point fini

Loin faut ! De catimini
S'en reviennent les bals Suédois

La fosse s'anime, sois tout coi !
Et salve contesse Virginie

Qui dit déjà ses vers enivrés — gare au joli-bois !

Livret tercet
À vos
HARMONIEUSES
ÉLÉGIES

Le Verbe, Baroques élégies
À Christina A. Minime, mon amour

« Sous la cime des temps
Nous sommes fin parvenus — murmures
D'hommes dans la namur
Qui révèle les dormants printemps

À éclore en soi
Aux saintes baroques élégies
De la Poésie
Une harmonie des peines et joies

Là, chante Renata
La cantatrice coloratura
Sise telle une Pietà
Réunissant les diasporas

Amour, Tragédie
Qui, lorsque longtemps démariées
Forment le Baudrier
Clos du cœur où l'on se médit »

Il allait composer une élégie à ce qu'ont perdu tous ceux d'entre nous qui vivent assez longtemps : leur enfance [9]

---

[9] Troisième et dernier épigraphe, Siri Hustvedt.

Le Poète, manière de manifeste
À Maître Théophile Gautier, au célèbre gilet rouge

Ah ! je désire tout ; à moi
Dame sycomore, le Cantique
Les égéries, à l'envi !
Adieu, ego, piètre aloi

Que descendent les muses, que joue
De sa lyre Apollon ivre
Exaltées les Valkyries
Par le brouhaha des fous !

Qu'elles viennent y combattre : raison
Cette volupté des étrons
Crèvent fossoyeurs d'ancre et d'art

Seule éternelle est la plume
Et qu'en tout virevolte l'âme
Règne l'Idéal absolu

L'Aigle
À Monsieur le Président Nicolas Sarkozy
le passionné

Il nichait sur une mer
D'argile ; d'où il admirait

L'éclosion des nuages, rais
Argentés, luges de ses pairs

Il se sentait Regnare
Parmi les bois et adrets

Lui, le prince, émissaire et souffle des ombrages séraphins

La Mer (des mères)

À Anicette Sembo-Backonly
qui a élevé ma plume lorsqu'elle en avait besoin

Je voyage
En bateau
Telle une onde, une essence
Je respire
Me laisse bercer au gré du vent
Heureux sans en savoir la raison
Au loin je ne vois qu'elle
Ses eaux sont d'une infinie beauté
Et je contemple
Amoureux, joyeux
Juste heureux de vivre
En communion avec ma mère
Les effluves bleus embaumer
Mes ultimes défaillances à l'abri d'un coussinet
À la conquête d'une vie entière
Avec harmonie
Comme si rien ne pouvait supplanter cette féerie
Pas même le Paradis
Et puis lentement émerger dans un baiser
Afin de nager avec la mer

La Litanie du marin-moine
À Hyacinthe et Mikel Guéret
et à Josette Gribingui G. ; la fine équipe

Le regard au loin
Dans l'obscurité contemplant
Rieur et solitaire
Un vieil esprit récitait
Autrefois la litanie de sa sinistre lyre

*

« Flots, écume
Matelot, amure… écritbrume
D'aventures agitato

Las
Glas, bel'humanité
Éplumée d'âme
Car-hélas : velléité ! »

Là
Vivait cet homme incompris
Sur son bateau à l'abri
D'un monde en proie 'la furie
Tristesse qui ét.r.eint la vie
Ô lente agonie qu'il fuit ; le voici :

Cet homme s'appelait Antoine
Et il était marin-moine

« Chantait
l'éternelle coalescence-effluence
Paix vivante
Alliance, survivance ? Portefaix émotionnel »

Il naviguait en ces eaux
Assis dans l'immensité
Des ciel et mer ; mondes bleutés
Y gravait tel mémento
Cendres et noirceurs d'un passé
Qui de regrets l'accabla
Si longtemps comme un nabla

« Hors d'ici règne cruauté
Où pères, mères, pour un denier
Frères, sœurs, pour un haut parage
Et ces camarades-mirage
S'écharpent, s'encanaillent sans foi
Quel espoir pour qui n'y croit ?
Quelle joie, matins sans desstein ?

Je découvre la vérité
Savoure la sérénité
Le temps n'a guère plus d'emprise
Pour celui ayant cessé

*De courir la fièvre grise
Ami, je m'appelle Antoine
Marin-moine... et enfin moi !* »

Nuit étoilée
Mouvement un : Élégie

À Charlotte…, que je n'ai jamais retrouvée

Léger comme la Lune
Éphémère tel un rideau de poussière
Le voile s'étend par-delà la lumière
À travers la cloison de verre
Qui abrite cette muse
Quelle belle ivresse !
Magie sempiternelle
L'Épouse parfaite
Sous le Vent de la liberté
Transporte une Élégante clarté
Et cette formidable Prêtresse
Dans un univers constellé de mille et un vers…
Respire la nuit

Le Jardin de Gaëna
À Yvon et Jason Kamach, les visionnaires

Dans le jardin de Gaëna, loin des élans du monde
Les enfants gambadent heureux par la symphonie
Qui embaume les cœurs joyeux respirant la vie
Pareille au soleil dont la chaleur nous abonde

Ils courent et courent, jouent et rient, s'enivrent d'être libres
De plaisir, aux éclats se font des embrassades
Sans jamais pouvoir cesser, pour ne finir las
Comme leur entourage, de ces tirades qui ne vibrent

Enfin le fardeau des ans qui se défilent gris
Rattrape hélas l'insouciance de ces anges mûris
Puis les contraint à renoncer à leur vertu

Cependant bien avant, ils satineront les
Belles fleurs d'humanité que nous avons perdues
Gardiens de Gaëna, l'Amour qui les allaite

L'Ombre au chapeau feutré sous un lampadaire
À mon cher oncle Luc Lingoupou, et à ses filles

La nuit s'était avancée, langoureuse
Emmenant sous l'ombrage de sa chape une affluence de
petits airs acérés, de gouttelettes émincées, et puis ce vaste
silence du monde, endormi en le papier glacé des grandes
espérances du lendemain
La maligne furetait, comme une caresse dans une prière
elle ensevelissait la pierre, et éteignait les gemmes
qui scintillaient des astres de la ville
Il y avait là quelque part, au cœur de tout
un vieux lampadaire, tordu et à la lueur blafarde
Au bas de la ruelle, un fantôme, une chimère ; un fantasme, un spectre ! peut-être ? — assurément —, traînait sa trace dans le châle mêlé de la pénombre et de la lumière. Le chuintement de ses vêtements embrassait le bruissement des feuilles, flétries par la lourdeur de ses pas
puis envolées plus loin par le vent sur l'asphalte
dans un soubresaut. Était-ce un homme, était-ce une
femme ? Qu'importe tant, aux merveilles du récit ?
Veuillez abaisser le rideau, cher voyeur ! Toujours est-il
que notre chat noir, par les sons et les odeurs, rendait le
plein de vie aux alentours. L'on sentit une manière de tintement de carillon ; des êtres, des peaux — des masques ?
— s'étaient rencontrés ; l'on venait de s'adosser. Le talon
d'une chaussure glissa lentement sur le tronc d'acier du

*luminaire. Le cliquetis d'un briquet ; le feu rugissant
bref et délicat
le caractéristique murmure de l'exhalaison, et la senteur
âcre des volutes gorgées de tabac qui s'évadent. Il flotte un
certain parfum, aussi ; boisé, subtil, androgyne, qui vous
passe juste sous le nez, pour adoucir la fumée
c'est tout
Ah ! et si l'on ajoutait l'idée d'un chapeau feutré, qu'est-
ce que cela y changerait ?
Savourons comme ces quelques détails ouvrent l'infini
dans un entrelacs, un ailleurs à la lisière du réel…
mais encore une porte vers une escapade de la volonté
allégée
Ainsi, lecteur, la nuitée est un autre jour
Où l'on entreprend les yeux fermés
Lorsque l'âme se libère du tourment de ses deux fenêtres
trop éclairées, à l'en éblouir. Et c'est alors l'exquise foison
des sens éclopés… qui enfin s'éveillent pour s'élancer
vers tant de monts encore à découvrir
Éteignez tout !
pénétrer la magie des histoires afin
Cependant à vos rêves, commencez ici :
une ombre et un réverbère*

Chroniques de Francie
À Patrice Anato, Député, mentor

Belle, France
Elle, lavande rance
Fièvre-danse

Prunelle
Anse flanelle
Cascatelle arborescence
Habitance-citadelle

Ô ! ravissante Marie-Anne
Qui arpente au rif campagnes
Lumière chantant : « République » !
Étendard des sans-culottes
ardent faisceau du régime
démocratique, patriotes
aux remparts de nos compagnes

Ô, belle France ! elle, lavande rance…
Éternelle hirondelle
Aimante, clémente
Fève d'abondance
Efflorescente résilience, fidèle hôtel
Mademoiselle universelle — élégance transcendante

Ô… Francie !
Je ne saurais vivre
Qu'avec ton doux sourire

L'Angevine
À Manon Delaunay, la grâce angevine

Je vous vois, mon Angevine
Moi, qui m'abreuve à votr M'aine

Petite-reine Plantagenêt
Pleine l'eau-de-vie : Anjou rives

Votr poitrine m'est un château
Une cathédrale ancienne

Ligérienne où l'ange vit
Comme l'on flâne sur un Mail

Les roses d'Aragon
Fleurir le bois Garenne

Ève, en la Maison d'Adam
Vous dansez gouaille sur l'ardoise

Et, qu'ils croient en Saint-Maurice
Les Andégaves d'Isfahan

De toute patrie androgyne
Ou vénérables, ou candides

Les autrement capables
Et ceux du pays Dogon...

Tous viennent étreindre en un chœur
De leur Angevine, la douceur

Ange de la Lune
À Florian E. Minime, mon héros, ma sève

Ange de la Lune tu es
Ange de la Lune tu resteras
À travers la lumière
Et les ténèbres
La même personne tu resteras
Ange de la Nuit tu es béni
Ange du Jour tu seras maudit
Démon d'une vie semblera-t-il
Méconnu tu seras
Ta plume et ta voix
Aux opprobres jetées
Mais toujours
Quelque part
Au réconfort
Te sauras-tu
Ange de la Lune

F. Gabriel, Après un Rêve
Rêverie infinie dans un entrelacs
À Clarisse Sokpawo
celle qui a toujours cru en moi

La robe ondulant azurine dans l'étreinte
Des montagnes éméraldines, dormait la Rhéa
Reine à la jarre, là en niche à creux de sierra
De la caresse du souffle des vents, allé en tourbillons à la grâce revêche des nuages
perdus dans l'immensité du ciel couleur océan
la belle frissonnait d'aise. En cela, la cime des arbres en lisière lui faisait écho, s'allongeant de droite en gauche au rythme de ces grandes et douces balades à la fois silencieuses et buissonnantes, dont seuls les monarques sylvestres peuvent saisir les mystères. Parfois, les dorures de l'astre tournesol se reflétaient sur ses courbes langoureuses et fondaient le cœur de neige, givrée contre un versant enfantant des gerbes d'argent ; comme dans un oratorio pittoresque
L'on pouvait humer les embruns de la douce turquoise sentir, en manière d'une madeleine proustienne, le parfum minéral des roches mêlé aux floraisons des feuillages de sapins — qui veillent au rempart. Bruissements ; ricochets de galets. Apaisement : aux aurores, dans la tiédeur du lac endormi
Et après tout, vient enfin le temps des rêves et des mirages

berçant l'âme des entrelacs dans l'infini des souvenirs
celui de l'exaltation des sens et passions, des émois
de Florence
afin plein revivre
demain
serein
Éternellement

Regnare
À Anicet et Arnaud Sokpawo, mes valeureux aînés

Les lueurs de l'aube naissante se dessinaient à l'horizon, qui coloraient le ciel de gemmes mordorées. Les nuages paraissaient effleurer la cime du monde des hommes ; leur toile teintée d'argile venait épouser la grisaille de la pierre sans âge. Perlant d'une niche sur les sommets du bastion en surplomb, et dans le sillage du vent, les voix de merles chanteurs s'unissaient à soupirer une lamentation concertée, adagio. Cependant qu'en plein cœur de cette harmonie, de cet hymne aux regrets de leur vie, des milliers d'âmes hagardes — et gens, et chevaux —, communiaient en silence sur l'herbe fraîche. Peu plus loin, près les cyprès, les clercs et le suzerain, dans le frémissement des choses quêtaient l'ombre de la mort. Il faisait soir, il faisait froid : il neigeait sur tous ceux et ce qui s'étaient arrêtés là, en ces lieux que, parfois pris de quelque folie, l'on choisit afin de parachever l'écriture de son destin.

« Seigneur Dieu ! ô Père Tout-puissant ; ne pouvons-nous guère renoncer à cette vaine ineptie ? J'aimerais filer le temps, et en revenir à lorsque nous étions encore heureux. Il n'y avait que l'enfance ; il n'y avait que l'insouciance… Je désirais jardiner. Tout était simple. Et puis… comment oublier la première fois ? ce sublime couronnement du cœur à travers la chair, chaque instant que mon regard croisait le sien, la parcourait dans son intimité, et finissait

par épouser jusque la moindre imperfection, repérait le moindre grain sur le diaphane de sa peau…Comment ? Aliénor…

Mais à présent, regardez-nous, Père. Regardez ce que nous avons fait. Regardez ce que nous sommes devenus. Voyez : car c'est au nom de votre Fils. C'est notre chef-d'œuvre.

Et vous autres. Admirez. Admirez ! oui ! Venez, attablez-vous ! Venez assister à la fin de tant et de tout. Les lames jumelles s'entremêlent ; les frères s'entretuent pour la couche d'une femme, d'une mère, tandis que les pères, vieillards, grelottent de faim et de froid. Et tous veulent devenir roi, tous envient, convoitent, médisent, complotent. Franjs, Sarrasins, Turcs, Perses… Tous sont assoiffés de gloire et d'argent. Quelqu'un a-t-il seulement déjà vu les saintes reliques ? Bon Dieu ! mais que faites-vous ? Certes, assurément. Vous voyez tout. Alors, admirez-nous, s'il vous plaît. Pour vous ; c'est le crépuscule de l'humanité.

Maintenant mourir… Eh ! sitôt. Et pourquoi ? Où sont femmes et enfants ? Je veux reposer auprès d'Aliénor. Vous avez déjà entendu mes dernières volontés ; vous savez.

Pleurons ensemble, mes frères, Croisés damnés. Dans mes rêves, il y a encore de l'espoir. Sommes-nous ainsi remplis de la grâce céleste ? Si nous partons tous, qui régnera ? Se peut-il qu'un roi règne sur un ost de macchabées ? Sarabandes : chaque fracas de fer, chaque éclat de sang, chaque larme qui choit seront notre patrimoine. Miserere de nous. Tenez ! quelle immondice ! voilà que s'envole un corbeau, au plumage aussi noir que la suie. Et toute prophétie se meurt dans le battement de ses tristes ailes. »

*

« *Votre Altesse ?* » *Il fut comme happé hors de ses songeries. L'œil fixe et inquiet de son chancelier pénétrait le sien.*
« *Mon roi, que répondez-vous finalement ? Devrions-nous lever les armées pour Jérusalem ?*
Qu'aurait donc fait Saint-Louis, le Prudhomme ? Et Baudouin, le jeune et sage Lépreux, encore avant lui ?
— *Non, mon ami. Nous ne mourrons pas aujourd'hui. Je me souviens de ce que disaient autrefois les bardes, de la lumière divine :*

Elle virevolte crescendo
Séraphine, éploie ses ailes

Fluettes, comme si tout véniel
Pouvait être transi des eaux-

Vie vers cet Eldorado,
Et que des ténèbres le fiel

Viendrait choir en ses tréfonds. Or, son sein leur luit trop haut.

Notre Père nous a abandonnés à notre sort. Que croquerons-nous ? Le fruit défendu, ou bien l'agnus dei ?
Et la mort ? Ah ! À la mort : qu'elle vienne nous chercher demain, après-demain, et encore le lendemain ! Car en ces terres, son règne rencontre le mien, qui est aussi le vôtre, et le nôtre ; celui de toute créature ici-bas, en vérité. Elle est oubli, cependant que, dans la longue geste, nous ne sommes jamais moins seuls que lorsqu'on se vit. Nous sommes la nouvelle lumière. C'est nous, puisqu'Il nous a reniés. Nous sommes les combattants de la vie, désormais. Nous vivons pour notre héritage ; et, en cela, nous sommes immortels ici-bas. Déjà, j'entrevois les lueurs de l'aube naissante se dessiner à l'horizon, et colorer le ciel de gemmes mordorées.
C'est un signe.
Dans mes rêves, nous sommes en France, et il y a encore de l'espoir. La Terre-Sainte est en Nous, cher ami ; en nous qui l'aimons vraiment. Nul besoin de lever une armée pour cela. Nul besoin d'aller pour un dieu qui ne veut pas nous revenir. »

Le Prince des Poètes sur le Bord des Ans
À Frédéric Martin et Bruno Doucey
éditeurs immenses

Sa marche avait été longue, son pas, ombragé
Mais il posait enfin ses yeux d'ambre sur maremme
Et, derrière lui, coulaient tant et plus de trirèmes
Flétris au coutelas sur fleurets enragés

Une clameur ! sourdait dell'arte fleur cité
Des galantes… crécelles chevillées, de lys et chrême
L'enduisirent en l'athénée ; ces suprêmes poëmes
L'élevaient désormais d'auguste éternité

Bellator saillait entr'nuées d'aquilae
Sur les monts toscans et orbi, d'où Aglaé
Grâce amie des rois, murmure-t-aux embruns sa geste

L'on dit qu'il vécut, et se mua en statue
Que sa voix est, ci-encor, doux kantele d'Ouest
Pour Pisanino's, et les larmes de leurs belles tues

VIII
Prélude : Comme un air de blues
À Nejma Benechebli, ma Première ministre

Il se fait tard, je devrais
Peut-être rentrer ; mais je n'y

Parviens plus. L'air embruni
Des gens noyés dans l'ivraiesse

D'un samedi soir verni
Au bistrot Claude, rue Pauvret

L'on joue le blues Bovary… pour se sentir trop vivre

VIII
Roman : À un vieil homme
À Jeremy Malecot, l'idéaliste

Il y avait un vieil homme
Un jour qu'il écrivait seul

Soudain pris, il voyagea
S'en alla conter les âges

Les us des gens près Lomme
Et l'orde lice en leur chœur

Bientôt, la nuit se fit si noire sur les mirages d'à-veille…

VIII
Épilogue : D'auspices et de ténèbres
À la famille Ngampika, pour tout

Marcherions-nous vraiment, Mi...
Pieds sur les runes des possibles

Nos honneurs sous visières, cibles
Du kairos — ce val d'ammis

Où folâtre sibylle, Lamie
Souillant l'immarcescible

Ronce sur nos cœurs — ; marcherions-nous nos rances-
cibles kamis ?

IX
Mouvement un : Contemplations
À Erwan Le Masle, le vaillant nostalgique

Mais on était assis là
Au café près de chez Jacques

Il y avait foule de chaque
À refaire le monde, comme ça

Un aurevoir, une claque
Tes yeux rivés par-delà

Et il fait alors froid au cœur des cendriers... quoique

IX
Mouvement deux : Tourments
À Léa Dilé, la cinéaste aux yeux de biche

Mais toi, tu ne riais pas
Tu m'étais déjà partie

Je manquais de répartie
Pour te dire le bon papa

Que je voulais être pour toi
Pardonne-moi, petite Marie

Nous étions là, un orchestre swinguait, visages départis

IX
Mouvement trois : Tragédies
À Désiré Toté, l'athlète, l'astronome
l'un des plus grands penseurs d'Afrique

*Les tragédies de la vie
Ayant ceci d'irréel*

*Retenues au muséel
De nos illusions, mauvis*

*Qui vont et reviennent obvies
L'on ne les voit qu'au réveil...*

Et il fait alors trop soir pour se retrouver, ma fille

Le Voyage, II
À Mathis Juan, le nouveau Rimbaud

Un voyage, doux mirage... un écrin d'acajou nichant à même le sol, telle la fertile caresse de l'orfèvre Freyr nourrissant le daim — celle qui essaime l'ouvrage de vie... et ainsi vous enivre de sa sempiternelle promenade des délices délicatement cueillis, au hasard d'une escapade, quelque part dans la sève des âges
Bon délire, ami ! et que la vanesse des nuages t'amarre jusqu'à l'antre des coquillages, que tu trépignes d'une calme allégresse dans l'Euthymie. Bois ce fût ! si loin de tout ce que tu sus

Concertino rimal pour un voyage intérieur
Mouvement un : Andante
À Ugo Machizaud, capitaine courage

À travers les terres et mers
Par la bruine, le vent

Je m'en vais voguant Homère
Qui tresse ses perles d'antan

Manière de bagage vivant
Pèlerin vers l'au-devant

J'entre l'éternel son-Je au monde
Cet ailleurs en moi-même

Concertino rimal pour un voyage intérieur
Mouvement deux : Allegro
À Hugo Plessis, Alexandre Coroir et Maxime Ascensio
la bande cent fois réunie

Et, près ces rivages épars
Il y ait un charivari

Des mémoires et des âmes rient
Des longs chagrins qu'elles font farces

Et sur leur esquif, j'enlace
Ce clair embrouillamini

D'où chavirent, en la voûte marine, les échalas des lois

Concertino rimal pour un voyage intérieur
Mouvement trois : Adagio
À Aubin Guillemois, l'éveilleur de consciences
patinant sur le monde

Enfin me semblé-je venir
Aux confins ma longue quête

Chevauchée d'amies blanquettes
Ces océans-souvenirs

D'où affleure l'Arnaud, l'émir
Qui écoute mes musiquettes

Ici découvré-je la mariette à vernir les peines : soi

Saint-Louis
À Steve Singa, le guerrier

Sa voix a assemblé un peuple
Son ardeur, érigé des temples
À l'autel desquels couchait France
Élevée des thrènes et cantiques
À Saint-Denis. Ô, ascétique
Enfant de la divine flagrance !

Pieuse rectitude… sous l'arbre qui baigne
Des eaux de mille agnats le règne
Et qui est la prud'homie même
Disant à chacun son destin
L'hoc vers la Cité d'Augustin :
Voilà l'errant fait chrysanthème

Le grand Louis le Neuf, toutefois
Cor et oriflamme, telle Foix
La vaillante, a pris surtout
Le sacerdoce du chevalier
De tout bellator… être roulier
De la fière, vive âme des Poitou

Sonate pour les enfants de cœur (Sonnets II)
À Maître Yasmina Khadra qui, en 2013
honorait la jeune pousse que j'étais

Quatre garçonnets passaient tel un chœur d'angelots
La camisole était alors leur seul habit
Leur marche longue, mais ils allaient rondo dans la nuit
À voix perlant comme mille ruisseaux de Camelot

Pour prier gîte, tout juste levèrent-ils les grelots
Puis éconduits sans espoirs, vers ceux qui ont nui
Adressèrent-ils leurs misereres, afin qu'ennui
Céleste, nul n'appelle à lui hormis eux velots

De ces cœurs une candeur aimée en sonate
Mêlée au basso continuo des mainates
Perçait à bercer la cuirasse des âmes d'hivers

De frais, sous un ciel-de-lit bientôt aux aurores
Seraient-ils appelés par la chaleur de vair
Pour, de leur siamoise hyménée, gésir bandore

Pour une valse avec les anges
À la pétillante illustratrice Manon Cardona
alias Naegikun
et son bienaimé, Pierre Thoprieux

Dans le maelström de vos pas
Sous hymnes et ariettes, lupa
Toutes les misères, les regrets
Seulement flâner, boire d'oreille
La cantilène des anges d'Aurel
Ou sistres, ou violes, harpes… tant d'agrès

D'où s'élancer vers les zéniths
De l'arbre vie, océanite
Valsant en ricochets sur nues
Cotonneuses entr'dais feu-follet
Toile folâtre, trampoline, ballet…
Quelle épiphanie ! du chenu

Pour le divin-Aérialiste
La farniente aquarelliste
Qui dessine la Bible des hommes
Mon isle ! s'évanouit ainsi
Coulée Ogyvie, frêle cassie…
Huître sous le marin-atrium

Boali
À Ali Oumarou, le quiet, mon si vieil ami

À un pas près le zénith
De la forêt, dans un grand

Vent plaintif, quand déferlant
Où des flots cuivre latérite

Épousent la peau mylonite
Sur le doux poitrail bougran

De Titane, dormie sous un lit d'herbes, grondante sélénite

Photographie de l'éternité
À Vincent Kanko, toujours à mes côtés

Sur les hauteurs de la ville
Nichés derrière Flore colline

Puis en croisière pétaline...
Line, les bias musiciennes, filent

Songe-Brume-les-demains : asile
Pour ces (jadis) tristes âmes, baladines

De la baie Gbazabangui, hui neuves colombes, ouranies

Ombres & Mélodie

À François Busnel, pour qui j'ai toujours eu la plus grande admiration

Marcher, lever l'œil pour y voir une viennoise
De nuages à valser dans le théâtre du ciel
En un camaïeu de mauve barbe-à-papa, miel
Clairsemée d'oriels d'où la lune, sur son ardoise

De lumières d'iris argentée, veille, reine génoise
Alcôve douceur entre filaments et cristaux d'ailes
Cette dolce vita aérienne et sélène, vieille
Comme le baiser des fleurs d'amarante iroquoises

Campyloptère à col violet qui volette
Une grâce féminine sur le zénith du monde
Souvient à mon cœur la couronne du paon onde

M'enlaçant d'amour en sa sibylline ronde
Tel chant d'invitation d'une sirène drôlette
Et me ramenant tout plein de rêves aux mirettes

Dis-moi, Petit ange

De vous à moi…

*J'ai la sensation d'une flottaison
comme en apesanteur
sur le fil de l'eau
des nuages
abrités par la voûte céleste
que forme la cime des arbres
majestueux
et nourrie par le vent
Oui
je suis une feuille
baignant parmi les Ménades
dans l'hydromel enivré des poëmes
D'une Bohème
d'au-jour ou d'antan
Et voilà que
la vie bruisse, bruine
tout au pourtour de moi
elle a même
les ailes d'un ange
Est-ce un cygne
belle, appelle
Puis je vois l'An
qui accourt à sa suite
bal vénitien
tignasse d'or
happée
dans l'ondée infinie des temps
Le monde s'éveille*

*juste assez pour s'aimer
et, à l'infini
essaimer les chants
de nos histoires
Mais je ne demande rien
je te dis seulement viens, sois mien
petit Art-n'Eau
Moi, enfin
je t'attendrai
Simplement, Petit ange
Dis-moi
et je serai aussi à toi*

Allez, viens : voici la vie

Mes chers amis…

Viens, je t'emmène aux confins
Des paysages qui bruissent loin
Jusqu'au rebord de tes pieds
Adieu-vat, frère pèlerin
Marchons le long des marins
Sur les côtes de frêle papier
Nous sommes les témoins milouins
Noé's depuis le couffin

Maëlle

Qui es-tu, belle Maëlle ?

Maëlle
Je t'aime
Et l'haine
Mon miel
Ton tienne
Poème
Ma elle

Si tant que s'écoule le temps

Si tant que s'écoule le temps
Vie est insondable étang
Et nos désirs mièvres fables
Émaux noyés dans les houles

Sœurs de la fleur d'eau, suite de haïkus
À Anaëlle Morinière, la prima donna attrice

À fleur d'eau

Dans le courant, vague
Emportée là au levant
Fleur de septembre nage

Rivages célestes

Ô, heaut[10] dans le ciel
Court l'éternité et voguent
En son creux nos mânes

---

10   Néologisme à base d'*eau* et de *haut*.

Obscurs lointains

Voilà le chant ce
Matin de nos craintes
Moisson azurée

Évanescence

Lueur cristalline
Allure prisonnière du temps
De nos éclats allés

Ô ! quand je ne serai plus
Amie, souviens-toi de moi
Oui, je te prie, mon siamois
Ma sœur, toi l'heureuse élue
À ma chère plume complue
Surtout, n'oublie pas… aie foi
En la rosée qui s'ébat
Dans le fol' vent de Rabat
Et chante avec les fleurs ; vois
Ta voix, ma soie, doux pivois
Au bleu en danse qui t'enivre
Tel un livre peint Delacroix
Ma Jeanne, ma noire, tendre moire
Délivre l'Idéal du givre
Qui s'abat comme une vouivre
Sur mon âme — glas, dam… Femme
Voilà que notr temps s'en va
Allé en l'Hispaniola
Près du-val où, Dieu ! madame
Les muses et les moires ma flamme
Te conçurent. Petite lyre
Quand je ne serai plus lu
Su, cru, connu : au talus
Jeté vers les abysses… luire
En mémoire d'un vieux navire
Je le veux, tu devras. Thrace
Je t'aime, te désire, corps-spleen

Veuve di l'Orfeo, féline
Suspiria d'opium, belle-grâce
Mais je soupire, je brasse
Je m'agonise et me pâme
Je rends tout, que damne !
Lulus et anges de bohème
Déjà, essaiment en silence
Il pleut...
Tout s'enrôle, hé ! tout s'élance
Pour le

Dernier envol du Poëte
Tombeau à Maître Charles Baudelaire

Laudate ! Parabole de la Phrase septaine
Poème archaïque en 14 vers
À Maître Gustave Flaubert, l'absolu génie

\ *Souviens ! au commencement, Était le verbe Sept, l'Effe | Quatuor de stances distiques, En heptasyllabes filées, L'une assemblée quatorze vers, La dernière, dite ripieno | Le tout, en rimes embrassées, Parfois au son plus libre, mixte | Ainsi sont les seules mères-règles De l'art poétique septain, Manière de concertino | Laudate cette parabole, Ci-découverte par ce sieur, A.J.B. Minime Jr.* \

Lever de rideau : Final
Aux oubliés de la mémoire des yeux,
mais toujours près de celle du cœur

Ô amours, ô tragédies !
Ô, harmonieuses élégies...

Vient le final, gabegie !
Ah ! voilà : l'on congédie...

Merci bien, et à jeudi !
Quelle comédie, cette régie...

Ciao, public, c'est ici que ce livre te dédit

La Controverse

Nous avons eu l'honneur d'être enrôlé dans ces jeunes bandes qui combattaient pour l'idéal, la poésie et la liberté de l'art, avec un enthousiasme, une bravoure et un dévouement qu'on ne connaît plus aujourd'hui. Le chef rayonnant reste toujours debout sur sa gloire comme une statue sur une colonne d'airain, mais le souvenir des soldats obscurs va bientôt se perdre, et c'est un devoir pour ceux qui ont fait partie de la grande armée littéraire d'en raconter les exploits oubliés » ; couchait en son *Histoire du Romantisme* la plume de Théophile Gautier, l'exalté au gilet rouge, fidèle lieutenant d'Hugo, l'an précédant son trépas. Elle rappelait ainsi au bon souvenir cette fameuse nuit du 25 février 1830, durant laquelle le Théâtre-Français devint cénacle de l'Idéal ; cette nuit qui assembla les générations dorées des Romantiques, Parnassiens et Symbolistes contre un ennemi commun : cette « grande Nuit » spleenétique, « fille de Michel-Ange », qui harassait le frêle cœur de Baudelaire. Elle n'est « supportable qu'avec une quelconque ivresse », renchérissait Flaubert.

Et voilà que je m'enivre à vos côtés, ô maîtres ! excitant vainement à la résurrection du

Beau, en ces temps où le regret de l'ami Théophile s'en serait trouvé aggravé, et où les nouveaux-Anciens semblent avoir englouti le monde sous les méandres du Réel. Oui, maîtres, nous avons perdu. Mais tant que mon encre frétillera, je me refuserai à abdiquer.

Non, que diantre ! nous, poëtes, ne nous perdrons guère davantage ! Nous qui avons été trahis par l'ost des prétendus Surréalistes, ces séides de la prose, instruments de leur époque... expérimentateurs charcutiers des nobles Lettres, qui règnent sur les ruines de l'Âme. Nous qui, près de deux siècles durant, avons sombré dans un oubli profond, exilés et reclus au réconfort des mânes de notre gloire achevée.

Eh bien, je vous le déclare ! confrères, consœurs ! L'heure est à présent qui est là de sonner le tocsin de la révolte. Joignez-vous à moi, rêveurs de tout bord : car ce siècle, en littérature, sera « habité poétiquement », ou il ne sera pas.

Art, Rêve & Amour
Lumière en ce monde et vôtre,
éternellement,

AJB Jr.

à Angers, le 5 octobre 2019

Longtemps, longtemps, longtemps
Après que les poètes ont disparu
Leurs chansons courent encore dans les rues.

Charles Trenet

L'âme des poètes

Puissent vos beaux yeux ne jamais pleurer, et vos lèvres sourire sans cesse.

ALFRED DE VIGNY

CHATTERTON

Table des matières

Préface : Adresse aux Hespérides… 7 - 10
(composée en 2020)
Épigraphes d'ouverture : Baudelaire, Euripide…

Livret prologue : À vos amours… 17 - 67

À l'Orée, les Légions féériques… 19 (2012 - 2021)
Épigraphe de livret : Baudelaire…
Récital d'une fleur… 23 - 24 (2020)
Le Caprice… 25 - 26 (2018)
Un Aria… 27 (2020)
Roma Mia !… 28 - 29 (2019)
Glamour ! amora !… 30 - 31 (2019)
Fuga con Alice… 32 - 34 (2021)
Parlez-moi d'amour… 35 (2020)
Le Madrigal… 36 (2021)

L'Hermine… 37 (2020)

Louison, son baiser fugace… 38 (2020)

Sibyllines… 39 (2020)

La Robe de Demoiselle Rouge… 40 - 41 (2019)

La Danse de l'homme… 42 - 44 (2016)

Les femmes de mes nuits… 45 - 46 (2014)

Les regarder s'embrasser… 47 (2015)

La Rose des prés… 48 - 49 (2019)

Merci, merci !… 50 (2020)

Monts et rivières… 51 (2021)

VII, Second thème : Libideau… 52 (2019)

Murmures à Chloé, Premier & Second murmures… 53 - 54 (2019)

F. Gabriel, Après un Rêve : Archet à Mlle. Diche… 55 (2020)

Comme une lettre à ton ombre… 56 (2020)

Dîner aux chandelles (Première partie)… 57 - 58 (2020 - 2021)

Le Grand-Théâtre… 59 (2020)

Hégémonie de la vulve… 60 (2021)

Paraphrase d'un conte d'Orient, Premier souffle… 61

(2020)
Soupirs d'une nuit avec Thaïs… 62 (2021)
Poésies… 63 (2021)
Jeanne est une flamme… 64 (2021)
L'Albatros et l'Amazone… 65 (2021)
Les Feux de la Cerise Noire… 66 (2021)

***Livret couplet : À vos tragédies…* 69 - 147**

Vers les Hespérides, les Légions maléfiques… 71 (2021)
Épigraphe de livret : Yasmina Khadra…
Le Petit tombeau sous l'Océan… 75 (2013)
Je l'ai senti… 76 - 77 (2015)
Chrysalide d'Aubépine… 78 - 79 (2020)
Lampedusa… 80 - 81 (2019)
Le Métèque… 82 (2019)
L'Autoroute des Ombres… 83 - 84 (2013)
Sa Grâce… 85 (2020)
Soupirail (d'une bâfreuse d'hommes)… 86 (2020)
Amanda… 87 (2014 - 2019)
Aude… 88 (2021)

Une fille du siècle… 89 (2020)

L'Arlésienne… 90 (2020)

Anna Nihila… 91 (2020)

Magdalena… 92 (2020)

Les Chimères… 93 (2020)

Le Chant des Anges, suite rimale

Chant un : Tristesse hivernale… 94 (2019)

Chant deux : Clair de Lune… 95 (2019)

Chant trois : Il est né, le divin-enfant… 96 (2020)

Requiem Lacrimosa, Lamentoso… 97 (2020)

Lieder et mélodies : À la recherche du diadème échappé… 98 (2020)

Archives… 99 (2019)

Demain ne reviendra plus… 100 (2019)

Puis nous nous sommes dit adieu, ce matin-là… 101 (2020)

Peut-être un espoir de printemps… 102 (2019)

Le Voyage… 103 (2019)

Les Halles… 104 (2020)

Le Royaume des Cieux… 105 (2020)

La Lumière… 106 (2020)

L'Âme au Mali… 107 (2019)

L'Aumône du Désespoir (Sonnets)… 108 (2012)

Le Marcheur d'Ombre… 109 - 110 (2018)

Nuit étoilée, Mouvement deux : Lamentations… 111 (2019)

Mélodrame orphique… 112 (2019)

Tofino, souvenir et adieu… 113 - 116 (2015)

À toi, l'âme oubliée… 117 - 118 (2019 - 2021)

Une part de moi s'est envolée… 119 (2015)

Après la fin du monde… 120 (2011)

Errance humaine… 121 (2015)

Évanouies dans les eaux… 122 - 124 (2015)

La Fin… 125 - 126 (2016)

LaHaine… 127 - 128 (2013 - 2015)

Elle… 129 - 130 (2011)

Cantabile !… 131 (2020)

VII, Thème principal : Les Pleurs… 132 (2019)

Elle avait les yeux de sa mère… 133 - 134 (2015)

Belle douleur passagère… 135 - 136 (2015)

Melancholia… 137 (2020)

Au coin du feu… 138 (2021)

L'Oraison du Vieux Merle… 139 - 140 (2017)
Une Vision de l'Horizon… 141 (2020)
Histoire du Romantisme… 142 (2021)
Ah ! je voulais être Poëte !… 143 - 144 (2021)
Écrire ou Mourir… 145 (2021)
Rappel de scène, Encore… 147 (2021)

Livret tercet :
À *vos harmonieuses élégies*… 149 - 205

Le Verbe, Baroques élégies… 151 (2021)
Épigraphe de livret : Siri Hustvedt…
Le Poète, manière de manifeste… 155 (2019)
L'Aigle… 156 (2020)
La Mer (des mères)… 157 (2013)
La Litanie du marin-moine… 158 - 159 (2018 - 2019)
Nuit étoilée, Mouvement un : Élégie… 160 (2016)
Le Jardin de Gaëna… 161 (2011 - 2019)
L'Ombre au chapeau feutré sous un lampadaire… 163 - 164 (2019)

Chroniques de Francie… 165 - 166 (2018)
L'Angevine… 167 - 168 (2020)
Ange de la Lune… 169 (2015)
F. Gabriel, Après un Rêve : Rêverie infinie dans un entrelacs… 170 - 171 (2020)
Regnare… 171 - 175 (2020)
Le Prince des Poëtes sur le Bord des Ans… 176 (2021)
VIII, Prélude : Comme un air de blues… 177 (2019)
VIII, Roman : À un vieil homme… 178 (2019 - 2020)
VIII, Épilogue : D'auspices et de ténèbres… 179 (2021)
IX, Mouvement un : Contemplations… 180 (2019)
IX, Mouvement deux : Tourments… 181 (2021)
IX, Mouvement trois : Tragédies… 182 (2021)
Le Voyage, II… 183 (2018)
Concertino rimal pour un voyage intérieur
Mouvement un : Andante… 184 (2020)
Mouvement deux : Allegro… 185 (2020)
Mouvement trois : Adagio… 186 (2021)
Saint-Louis… 187 (2021)

Sonate pour les enfants de choeur (Sonnets II)… 188 (2020)

Pour une valse avec les anges… 189 (2021)

Boali… 190 (2021)

Photographie de l'éternité… 191 (2021)

Ombres & Mélodies… 192 (2020 - 2021)

Dis-moi, Petit ange… 193 - 194 (2021)

Allez, viens : voici la vie… 195 (2021)

Maëlle… 196 (2021)

Si tant que s'écoule le temps… 197 (2021)

Soeurs de la fleur d'eau, suite de haïkus (2019)

À fleur d'eau… 198

Rivages célestes… 198

Obscurs lointains… 199

Évanescence… 199

Le Dernier envol du Poëte… 200 - 201 (2021)

Laudate ! Parabole de la Phrase septaine :
Poème archaïque en 14 vers… 202 (2021)

Lever de rideau : Final… 205 (2021)

Épigraphes de clôture : Charles Trenet, Alfred de Vigny…